AF362370

PROJET

D'ÉTABLISSEMENS DE BANQUES

ET

D'OPÉRATIONS COMBINÉES,

POUR LE PROMPT RÉTABLISSEMENT

DU

CRÉDIT PUBLIC EN FRANCE.

PARIS,

DE L'IMPRIMERIE D'ÉVERAT, RUE DU CADRAN, N° 16.

ENTRE CELLES MONTMARTRE ET MONTORGUEIL.

JUIN 1817.

OBSERVATIONS PRÉLIMINAIRES.

Dans la situation obligée, où se trouve la France, de se procurer, dans l'espace de quatre années, par la voie des emprunts, une somme de 1,103,146,154 fr., pour couvrir le déficit qu'elle doit éprouver sur ses recettes pendant ces mêmes quatre années, quels sont les moyens d'y parvenir, tout en améliorant le cours des effets publics ?

Tel est le problème que présente à résoudre le budget de 1817.

Le Gouvernement a annoncé qu'il ne pouvoit remplir ces emprunts, soit en France, soit à l'étranger, que par des émissions successives de rentes, qui, au cours de 60 fr., doivent s'élever à 95,800,000 fr., dont le capital au denier vingt est de 1,916 millions.

S'il est reconnu que la totalité du capital de ces emprunts ne peut pas être fournie par la France, sans augmenter le discrédit de la rente, et sans la dépouiller, en quelque sorte, de tout le numéraire circulant, nécessaire à son commerce et à son industrie; quel seroit le moyen de porter promptement et de fixer, d'une manière stable, le cours des effets publics, à un taux assez élevé pour que les étrangers, qui placeront leurs capitaux en France, n'emportent pas chez eux tout le bénéfice de la hausse que doit éprouver la rente, lorsque le Gouvernement, dégagé de sa dette envers les puissances alliées, aura la faculté d'appliquer toutes ses ressources au rétablissement de son crédit ?

Tel est le second problème à résoudre, et qu'il s'agit de résoudre sans perdre de temps.

Les moyens de crédit, adoptés par la loi du budget, consistent dans l'établissement d'une caisse d'amortissement, dotée, sur les revenus de l'état, d'un fonds annuel de 40 millions, et de la totalité des bois de la France, produisant un revenu net de 16 millions.

Il est évident qu'une caisse d'amortissement, aussi richement dotée, présente la garantie la plus assurée à tous les prêteurs anciens et nouveaux, et parviendra à porter le cours des effets publics au taux le plus élevé : personne ne peut ni ne doit former le moindre doute à cet égard ; mais à quelle époque aura-t-elle vaincu toutes les résistances, toutes les cupidités, toutes les entraves qui doivent en retarder l'effet ?

Si le crédit public est livré à lui-même ; si de grands établissemens, convenablement distribués sur les divers points de la France, ne lui prêtent pas leur appui tutélaire, il y a tout lieu de craindre que l'amélioration du cours des effets publics ne se fasse sentir qu'après les quatre années que nous avons encore à parcourir pour arriver au terme de notre libération envers les puissances alliées ; mais alors tout le mal sera fait ; la ruine de la France sera consommée, de manière à ne pouvoir, ni rétablir ses finances, ni figurer comme puissance prépondérante dans la balance de l'Europe, avant un demi-siècle ; tous ses moyens, toutes ses ressources de crédit, passeront dans les mains de l'étranger.

Il est donc instant de pourvoir aux moyens de se garantir d'un avenir aussi funeste.

Dans l'état actuel des choses, tout est à créer à cet égard ; mais il ne suffit pas de le dire, il faut le prouver, en démontrer la nécessité, et présenter les moyens qui doivent arriver le plus sûrement au but désiré.

L'esprit public a besoin d'être fortement retrempé ; mais, pour cela, il faut rassurer tous les intérêts, faire cesser toutes les inquiétudes.

De beaux discours sur la nécessité de rétablir le crédit, ne prouvent que le talent oratoire de leurs auteurs, puisque, du moment où on a cessé de les entendre, on n'y pense déjà plus ; tandis que l'incertitude sur les moyens qui seront employés, perpétue cette inquiétude générale, qui ne voit que dans le lointain, et confusément, des résultats dont une foule de circonstances peut empêcher ou retarder indéfiniment la réalité.

La France ne manque ni de capitaux, ni de moyens d'industrie pour les utiliser. Dans des temps ordinaires, abandonnés à leur propre impulsion, ils suffiroient pour lui assurer une prospérité constante, inaltérable ; mais, après les pertes énormes qu'elle a éprouvées dans deux invasions successives, ainsi que par l'intempérie de la saison, qui a détruit en grande partie les espérances de la dernière récolte, et auxquelles se joignent encore, d'une part, des espérances mal éteintes, et, de l'autre, des animosités que des réactions, peut-être trop précipitées, ont nécessairement excitées, on ne peut pas se dissimuler que les meilleurs plans, que les combinaisons de crédit les mieux conçues, ne soient exposés à une force d'inertie capable d'en suspendre, d'en arrêter même les effets les plus salutaires. Il s'agit donc de vaincre cette même force d'inertie, en lui opposant une autre force extrêmement active, entraînante, irrésistible.

La France est encore très-riche de capitaux ; mais ils sont trop dispersés et n'arrivent que difficilement au centre unique d'action et de grand mouvement, que leur offrent, dans la capitale, la Banque de France et ce grand pharaon de la hausse et de la baisse, établi à la seule Bourse de Paris, pour le cours des effets publics. Le grand éloignement de la circonférence à ce foyer électrique, empêchera toujours que les propriétaires et capitalistes des départemens éloignés y cherchent un placement dont ils n'ont pas l'habitude, quelque avantageux qu'il puisse être. Il faut d'ailleurs y avoir des correspondans sûrs, éprouvés : dans ces cas mêmes, on répugne toujours à faire des placemens ou des opérations qu'on ne peut pas diriger soi-même et à son gré. On doit en conclure que, tant qu'il n'y aura qu'une seule Bourse pour la vente et l'achat des effets publics, toute son action sera constamment resserrée dans un rayon extrêmement rétréci, et que ses résultats, pour les placemens en rentes, seront infiniment bornés.

Il convient donc d'établir, dans les principales villes du royaume, un cours public pour les rentes et autres effets du Gouvernement ; mais cet établissement ne sera utile à l'amélioration du crédit, qu'autant que, dans la même ville, on pourra effectuer, comme à Paris, le transfert des rentes : il seroit donc nécessaire d'y établir une succursale du grand-livre de la dette publique, pour les transferts seulement. Cet article a besoin de développemens, qui seront plus convenablement placés dans le plan dont je ne présente ici que l'esquisse.

Je ne doute pas que le concours de ces deux établissemens, dans les principales villes du royaume, ne contribue puissamment à accélérer l'amélioration du crédit ; mais ils seroient insuffisans pour assurer une œuvre aussi importante, si on ne centralisoit pas en même temps, dans ces villes, une masse de capitaux, propre à leur donner un aliment convenable.

Chacune d'elles devra donc être aussi le siége d'une Banque, dont les moyens soient proportionnés à la richesse et à l'étendue de l'arrondissement que sa situation topographique permettra de lui assigner.

L'établissement de ces Banques sera la pierre fondamentale du plan que je propose, et des opérations dont elles seront le mobile ; mais je dois me borner à ne présenter ici que l'analyse des motifs qui me font regarder leur création comme absolument nécessaire, indispensable même au prompt rétablissement du crédit public.

Toutes les personnes qui connoissent les opérations de la Bourse de Paris sur les rentes, savent parfaitement que la hausse et la baisse n'y sont en grande partie que le résultat d'un jeu qui n'absorbe pas la vingtième partie des rentes qui s'y vendent et s'y achètent, soit à prime, soit à terme d'un, deux et trois mois ; tout y dépend, en quelque sorte , du hasard et de la puissance plus ou moins considérable des moyens de ceux qui ont spéculé dans l'un ou l'autre sens ; c'est toujours le plus fort qui l'emporte , à moins de circonstances extraordinaires qui appellent sur la place une masse inattendue de demandes de rentes, ou déterminent les spéculateurs au comptant à s'en dessaisir subitement.

Dans l'état actuel des choses , et surtout dans les circonstances particulières où se trouve la France, pressée par le besoin d'emprunts successifs , qui doivent porter à plus du double les rentes déjà inscrites , leur cours ne pourra s'améliorer que très-lentement, tant qu'on ne sera pas parvenu à créer des masses de capitaux, immobiles en quelque sorte , dont l'action soit constamment et imperturbablement dirigée vers un même but , l'amélioration du cours des effets publics ; il n'y a que des Banques , formées d'associations de capitaux, dont on puisse espérer et obtenir à cet égard des résultats assurés.

On ose donc affirmer que la formation de ces Banques est devenue un besoin indispensable ; sans elles , quelque opération , quelque combinaison de moyens qu'employera le Gouvernement , il ne peut obtenir , avant quatre ans , qu'un crédit précaire , incertain , dont le plus petit événement peut détruire tout l'échafaudage.

Je suppose même que le Gouvernement parvienne , par des moyens extraordinaires, à relever momentanément le crédit : tant qu'il n'aura pour appui que la volonté de particuliers susceptibles d'impression de crainte ou de cupidité , son crédit ne sera que factice. Une impulsion de baisse , occasionnée souvent sans motifs réels , est toujours entraînante pour la foule des porteurs des effets publics , et pour peu que la malveillance s'en mêle, il devient très-difficile d'en arrêter les progrès, lorsque surtout , comme dans la période des quatre années que nous avons encore à parcourir, la France sera forcée de recourir annuellement à de nouveaux emprunts, pour lesquels elle ne peut rien faire au hasard, et dont la rentrée doit être assurée à l'avance.

Les traités faits avec des particuliers, pour des sommes considérables qui nécessairement excèdent leurs moyens connus, peuvent donner lieu à de graves inconvéniens : il n'est pas nouveau, d'ailleurs, de voir des gens que la crainte d'éprouver, même une perte légère, met de suite dans l'impuissance de remplir leurs engagemens.

Il n'y a donc que des Banques dont les moyens soient connus, avec lesquelles le Gouvernement puisse traiter en toute confiance, ou qui, dans tous les cas, sont toujours là pour venir à son secours. Elles seules peuvent donner l'assurance de la fixité dans l'amélioration du cours de la rente. Ce n'est donc que dans la création de ces Banques, dont chacune seroit aidée d'un cours d'effets publics et d'une succursale du grand-livre de la dette inscrite, établis dans la même ville où elle seroit placée, que la France pourra trouver des moyens assurés de crédit.

RESUMÉ DU PLAN PROPOSÉ.

Élever de suite le cours de la rente , ou au moins assez à temps pour que les sujets des puissances étrangères ne puissent pas ajouter à l'énorme sacrifice que leurs souverains ont imposé à la France , tout le bénéfice que leur procureroit l'amélioration lente et successive du cours de ces valeurs ; raviver en même temps l'esprit public , et procurer à l'industrie et au commerce les secours dont ils ont besoin ;

Tel est le but du plan proposé.

Diviser la France en 17 arrondissemens de Banque , dont les administrations seroient placées dans les principales villes du royaume ;

C'est-à-dire créer , à l'instar de celles de Paris , 16 autres Banques dont les capitaux réunis puissent s'élever à environ 300 millions , et avec lesquelles le Gouvernement puisse au besoin traiter successivement des trois emprunts qui restent encore à réaliser ;

Déterminer les plus riches propriétaires de chaque département à faire leur soumission de prendre , dans la Banque de l'arrondissement où sont situées leurs propriétés , un nombre d'actions proportionné à la fortune de chacun d'eux ;

Publier dans le Moniteur , à mesure des soumissions , le noms des souscripteurs , et le nombre d'actions pour lequel chacun auroit souscrit ;

Établir 1°. dans chaque chef-lieu de Banque , une succursale du grand-livre de la dette publique , pour le transfert des rentes seulement ;

2°. Et à la Bourse de chacun d'eux , un cours public pour la vente et l'achat des rentes et autres valeurs ;

Établir entre Paris et les 16 Banques indiquées, des lignes télé-graphiques qui serviroient à y faire connoître, du jour au lende-main, le cours des effets dans chaque chef-lieu de Banque;

(Cet article peut paroître le moins pressé, mais il sera d'une grande utilité, si toutefois même il n'est pas nécessaire pour don-ner une grande impulsion au mouvement qui doit rétablir le crédit public).

Tels sont les moyens indiqués dans le plan proposé, et dont la mise à exécution peut être le résultat d'une simple ordonnance du Roi.

On pourroit offrir aux propriétaires fonciers qui auroient des inscriptions au grand-livre, de les admettre à payer leurs contri-butions dans les départemens, avec des bons d'arrérages de leurs rentes, d'après néanmoins la déclaration préalable qu'ils auroient faite de leurs intentions à cet égard, contenant l'indication de la commune, de l'arrondissement et du département où le paiement des contributions devroit être effectué, déclaration qui seroit va-lable jusqu'à révocation.

Ces bons nominatifs, préparés à l'avance, seroient délivrés, à l'ouverture du paiement de chaque semestre, par le payeur qui seroit chargé de l'effectuer, et de revêtir le certificat d'inscription du timbre semestriel.

Ce moyen seroit avantageux pour la circulation du numéraire, en ce qu'il éviteroit les frais de transport, et sa stagnation dans les caisses publiques.

DÉVELOPPEMENT DES MOYENS.

Le Gouvernement reconnoît que, pour couvrir le déficit qu'il éprouvera jusqu'en 1821, il faut recourir à une émission de 95,800,000 fr. de rentes qui, au cours de 60 fr., font une somme de . . . . 1,149,600,000 f.

Il paroît que, pour 1817, les 30 millions de rentes qui doivent couvrir le déficit de cette année, sont déjà négociés; il faut en conséquence déduire de la somme ci-dessus celle de 360 millions, que doit produire la négociation, ci. . .   360,000,000

Il resteroit à obtenir, pour les trois autres années.   789,600,000

Mais déjà une réduction de 26 millions a été faite dans les dépenses de cette année, par la commission du budget, ce qui portera celles des quatre années à 104,000,000

Il ne sera sans doute pas difficile de réduire celles des 3 autres d'une somme totale de. 50,000,000   154,000,000

Le montant du déficit restant à combler se réduiroit donc à . . . . 635,000,000 f.

On ne pense pas qu'il faille un grand effort de raisonnement pour démontrer combien il seroit désastreux de négocier, chez les étrangers, les rentes dont l'émission devra suppléer à l'insuffisance des recettes des trois années de détresse que nous aurons encore à parcourir, avant d'être parvenu à en porter et fixer le cours à un taux très-élevé. Je crois qu'il suffira de présenter, dans toute sa nudité, le tableau de la dette dont la continuation d'un pareil système seroit le résultat, pour prouver la nécessité de diriger tous les efforts dont la France est capable, vers l'amélioration prompte, fixe et durable du cours des effets publics. (Voir le tableau n°. 1er. ci-joint.)

S'il est reconnu que le Gouvernement a été dans l'impossibilité de chercher en France, pour 1817, des moyens de crédit dont il peut attendre des résultats favorables, ne peut-on pas au moins espérer que, du moment où il se trouve moins restreint dans le développement de ses ressources, il sera disposé à accueillir favorablement les moyens qui lui seront offerts de nationaliser le crédit en France ?

On voit dans le tableau ci-joint, n°. 2, présentant, pour chacun des 85 départemens qui y sont désignés, le principal des trois contributions directes, *foncière, personnelle, portes et fenétres,* que leurs montants réunis s'élèvent à la somme de 211,861,367 fr., le triplement seroit de 635,584,101 fr.. somme correspondante au déficit à combler pour les années 1818, 1819 et 1820.

Dans un troisième tableau, j'ai divisé ces 85 départemens en 17 arrondissemens de banques, dont les chefs-lieux sont placés, autant qu'il a été possible de le faire, au centre des départemens qui doivent être appelés à concourir à la formation de chacune d'elles.

Le but essentiel de la formation de ces banques sera d'offrir au Gouvernement les moyens de négocier avec elles, à un taux uniforme pour toutes cependant, les rentes à émettre pendant les 3 années.

Le capital dont il sera facile de composer ces 17 banques, pourroit s'élever à la somme de 636 millions, ainsi qu'on l'a fait au tableau n°. 3; puisque, Paris excepté, celui de la plus forte (Lyon), dont l'arrondissement se compose des neuf départemens qui l'environnent, ne seroit que de 60,048,861 fr., ce qui donneroit, pour terme moyen du contingent d'actions à placer dans chacun d'eux, 6,672,095 fr., ou 6,672 actions qui pourroient être facilement absorbées par les 600 plus forts contribuables du département.

Mais, comme il ne s'agit que de mettre ces Banques à portée de fournir au Gouvernement, pour 1818, la somme de 212 millions, leur première formation pourroit se borner à cette somme; cependant, comme il convient aussi de les mettre dans le cas d'opérer utilement, pour la prospérité des contrées dont elles seront chargées de ranimer et de vivifier l'industrie, il est nécessaire que, dès la 1re. année, leur capital s'élève à la somme de   318,000,000 fr.

Sur lesquels, déduisant les 212 millions destinés à l'achat des rentes à émettre par le Gouvernement, ci (1).   212,000,000

Resteroit. . . . .   106,000,000 fr.

qui seroient employés en opérations de banque, commerce et escompte, de la manière la plus appropriée au genre d'industrie des départemens qui composeroient l'arrondissement de chacune d'elles.

Je me bornerai à présenter ici deux exemples de la formation de chacune de ces Banques, la plus forte et la plus foible.

On a vu que le capital de celle de Lyon pouvoit s'élever à 60,048,861 fr. Il ne sera, la première année, que de celle de.   30,024,430 fr. 50 c.
dont le tiers, destiné aux opérations générales de Banque, seroit de.   10,008,143   50

Le surplus seroit employé à l'achat des rentes du Gouvernement, ci . . . .   20,016,287 f.   »

(1) Pour ces 212 millions placés en rentes au cours de 60 fr., on aura une rente de 17,616,666 fr.

Pour cette somme placée en rentes au cours de 60 fr., on obtiendroit une inscription, 5 p. 100 consolidés, de . . . . 1,667,423 fr. 91 c.

La banque de Lyon pourroit émettre, en billets de banque, pour une somme de. . . . . 20,016,287 fr.   »
qui, réunie à celle numéraire qui lui seroit restée, ci. 10,008,143   50 c.

lui rétabliroit son premier capital de . . . 30,024,430   50

Le capital de la Banque de Troyes, porté dans le tableau n°. 3, à 17,684,700 fr., ne sera, pour la 1re. année,
que de . . . . 8,842,350 fr.
dont le tiers est de 2,947,450   »

Reste pour l'emploi en rentes. 5,894,900   »

On a vu que la formation de ces 17 banques, dont le capital, pour la première année, ne devra s'élever qu'à 318 millions, sera le produit de 318 mille actions de 1,000 fr. chacune, qui, au moyen terme de six actions pour chaque soumissionnaire, n'exigeroient, pour être absorbées, que le concours de 53 mille personnes.

Le nombre des 600 plus imposés, dans chacun des 85 départemens qui concourront à la formation de ces banques, est de 51,000. Ce nombre seul suffiroit pour en absorber la totalité ; mais au moyen de ce que beaucoup d'autres personnes trouveront de l'avantage à y employer leurs épargnes, on ne doit pas être inquiet de leur placement, lorsque les plus riches de chaque département auront pris l'initiative à cet égard.

Je crois devoir présenter aussi trois exemples de la répartition des actions entre les départemens ; *le plus imposé, le moins im-*

posé et celui dont le montant des contributions directes présente *le terme moyen* de la totalité des départemens.

Celui de la Seine-Inférieure qui, après Paris, paye le plus de contributions directes, auroit à fournir un contingent de 20,741,100 f., dont la moitié est de 10,370,550 f.

Le nombre d'actions à placer dans ce département, seroit de 10,371, qui, à raison de 6 actions par personne, exigeroient le concours de 1728 actionnaires.

Le contingent indiqué pour le département des Hautes-Alpes, est de 1,699,668 f., dont la moitié qui est de 849,834 fr., seroit absorbée, à raison de 6 actions pour chaque preneur, par 142 personnes.

Le terme commun de la répartition des 318 millions formant le capital que, dès la première année, auront à fournir les 85 départemens qui doivent concourir à la formation des Banques, seroit pour chaque département de la somme de 3,741,175 f. montant de 3,742 actions. Cette quantité, absorbée à raison de 6 actions par individu, exigeroit le concours de 624 actionnaires, qui pourroient être classés ainsi qu'il suit :

Savoir.

152	à une action ci	152,000 fr.
105	à deux.	210,000
94	à trois.	282,000
75	à six.	450,000
60	à huit	480,000
50	à douze.	600,000
48	à seize.	768,000
40	à vingt.	800,000
Totaux 624..		**3,742,000**

La création des banques proposées ne doit donc pas éprouver de grandes difficultés, et on ne pense pas qu'il soit possible de contredire leur utilité, ni pour le présent, ni pour l'avenir.

Pour le présent, elles mettent à portée de pourvoir aux engagemens pris envers les puissances alliées, et de présenter à tous les Français l'assurance que le commerce et l'industrie, ainsi que toutes les spéculations utiles, y trouveront des ressources faciles et abondantes.

Pour l'avenir, elles dissipent la crainte du cours forcé d'un papier monnoie, dont la rareté du numéraire, produite autant par son resserrement dans l'intérieur, que par son extraction pour l'étranger, pourroit exiger, nécessiteroit même l'émission, si à l'avance on ne prenoit les mesures nécessaires et convenables pour l'éviter.

L'honneur, comme l'intérêt national, commande la création de ces banques. La France unie d'intention et de volonté à son Roi, sera encore assez riche, malgré toutes ses pertes, pour acquitter la dette qui lui est imposée. Elle ne doit donc pas permettre que son honneur et le levier de sa puissance (son crédit), soient entièrement livrés à la merci de l'étranger. C'est avec des Français que le Gouvernement doit traiter pour sa libération; s'il y a des pertes à éprouver, ils les supporteront, s'il y a des bénéfices à espérer, ils ne doivent appartenir qu'à des Français.

D'ailleurs, qu'elle garantie de tranquillité et de crédit ne présenteront elles pas à toute l'Europe, ces 17 banques, dont les actions seront entre les mains de tous les riches propriétaires de la France.

Quelle garantie plus grande peut on donner aux rentiers présents et futurs, que la réunion de tous les propriétaires et capitalites du royaume, formant un faisceau indestructible qui leur assure à jamais le paiement intégral des intérêts des capitaux confiés à leur surveillance et à leur propre intérêt?

La création de ces banques peut être autorisée par une simple ordonnance du Roi. Il suffira de faire imprimer la liste des contribuables les plus imposés de chaque département, en ayant soin néanmoins de n'y comprendre que ceux dont les contributions sont au moins,

1º. De 3oo f. dans les départemens, dont le principal des contributions directes, indiqué dans le tableau nº. 2, est au-dessous d'un million.

2º. De 35o, pour ceux d'un million à 15oo mille f.

3º. De 4oo, pour ceux de cette dernière somme à 2 millions.

4º. De 45o, pour ceux au-dessus jusqu'à 2,5oo mille. f.

5º. De 5oo, pour ceux de 2,5oo mille f. à 3 millions.

6º. et de 55o, pour tous ceux au-dessus de 3 millions.

Tous seroient appelés à faire leurs soumissions pour le nombre d'actions qu'ils voudroient prendre dans la Banque dont leur département feroit partie ; les soumissions seroient faites dans chaque Mairie, adressées aux Sous – Préfets et par ceux-ci au Préfet, avec un état double des soumissions reçues.

Toutes les personnes qui auroient fait leur soumission pour six actions, seroient appelées à une assemblée générale au chef-lieu du département, pour la nomination des délégués, chargés d'assister aux conférences et délibérations qui auroient lieu dans la ville dé- signée pour être le chef-lieu de la Banque : il en seroit nommé un, pour chaque cinquantaine d'actions dont la soumission auroit été faite dans le département.

La même ordonnance régleroit la forme des délibérations de l'assemblée générale des délégués des actionnaires. Le Roi n'y auroit qu'un commissaire ; tous les conseillers et directeurs seroient nommés à la pluralité absolue des voix.

Du moment où une Banque seroit formée, les soumissionnaires seroient appelés à payer le montant de leurs actions dans les proportions et délais qui auroient été réglés dans l'assemblée générale.

Le Gouvernement traiteroit alors avec les administrateurs de chaque Banque, pour la quotité de rentes dont elle pourroit réaliser le capital, au cours qui auroit été déterminé uniformément pour toutes.

Le résultat de cette opération seroit de les nantir de l'inscription de la rente achetée.

Mais, les Banques, que feront-elles de ces rentes, si on ne leur assure pas les moyens de leur donner un écoulement prompt et facile? Le plus sûr et le plus convenable seroit d'établir, dans chaque chef-lieu de Banque, une succursale du Grand-Livre de la dette publique, pour les transferts seulement; ils s'y feroient, comme à Paris, par le ministère des agens de change attachés à la Bourse de chaque chef-lieu de Banque.

Il seroit également nécessaire que cet établissement fût accompagné de celui d'un cours public pour la vente et l'achat, tant des actions de chaque Banque, que des rentes sur l'État et autres effets publics, attendu que ce n'est que par l'écoulement de ces mêmes rentes dans les départemens, que les Banques pourront se mettre en mesure de conclure, pour l'année suivante, un nouveau traité avec le Gouvernement, à moins de recourir à une nouvelle émission d'actions qui peut être élevée, comme on l'a vu au tableau n°. 3, jusqu'à 636 millions.

Lorsque toutes ces Banques seront en pleine activité, il sera utile et même nécessaire qu'elles agissent les unes sur les autres, la Banque de Paris et le Gouvernement sur toutes, pour l'achat des rentes d'amortissement, et autrement, afin d'en soutenir le cours dans les pays où ce secours seroit reconnu nécessaire.

Pour cela, il faut que les Banques aient entre elles des communications promptes et faciles, qu'on pourroit établir au moyen de lignes télégraphiques distribuées ainsi qu'il suit, toutes correspondant avec Paris, savoir :

Deux pour le Midi, qui partiroient de Marseille ; l'une par Nismes, Toulouse, Bordeaux, Limoges et Orléans ; et l'autre de Nismes par Lyon, Dijon et Troyes.

Deux pour l'Ouest, en partant 1°. de Rennes par Angers et Orléans ; 2°. de Rennes par Caen, Rouen et Beauvais.

Une pour le Nord, partant d'Arras par Reims et Beauvais.

Et une pour l'Est, en partant de Nancy par Dijon et Troyes.

La formation de ces Banques aura pour premier résultat, ainsi qu'on l'a dit, d'obtenir dès la première année un fonds en numéraire de 318 millions, représenté par 318 mille actions, qui auront pour garantie 17,616,666 fr. de rentes, représentant un capital de 212 millions, susceptible d'une augmentation rapide, et par 106 millions de numéraire, au moyen desquels et de l'émission d'une valeur double en billets, ces mêmes banques, sans nuire aux intérêts des particuliers, s'enrichiront de tout le bénéfice de leurs opérations. Elles procureront l'avantage de tripler le mouvement et la circulation de 318 millions de valeurs, dont une inquiétude vague, mais générale, répandue dans toutes les classes de la société, retient maintenant plus de la moitié dans les coffres de leurs propriétaires.

Quelle influence un tel état de choses, qu'il suffit de vouloir pour l'obtenir, n'auroit-il pas pour la prospérité de la France ?

Pour 270 millions que l'on donneroit à l'étranger, on créeroit de suite, et l'on mettroit en circulation pour 848 millions de valeurs se représentant les unes les autres, toutes de la plus grande solidité, et dont l'action et le mouvement auroient lieu pour l'avantage de tous, sans y employer ni force ni contrainte.

Savoir :

Actions de Banque, ci. . . . . . . 318 millions.
Rentes . . . . 212 millions.
Numéraire et billets de Banque . . 318 millions.

Total . . . . . 848 millions.

Les billets de Banque seroient partout de la même forme et dans les mêmes quotités de valeur. On pourroit se servir de ceux que fait fabriquer la Banque de France, mais comme ceux émis à une Banque, ne pourroient être remboursés à une autre Banque, que de son agrément, il seroit nécessaire d'appliquer aux billets de chacune d'elles, un ou deux timbres particuliers qui feroient connoître la Banque qui les auroit émis.

L'établissement des succursales du Grand-Livre de la dette publique, pour le transfert des rentes, dans les chefs-lieux de banque, ne me paroît susceptible d'aucune difficulté ni d'aucun inconvénient, puisque toutes les rentes n'en seroient pas moins inscrites au Grand-Livre à Paris.

Rien n'empêche même que, dès ce moment, on ne s'en occupe. On pourroit commencer par former des livres partiels de toutes les rentes qui se paient dans les départemens, de manière qu'en donnant à chaque succursale l'arrondissement indiqué au tableau n°. 3, on auroit de suite un aliment suffisant pour les transferts à faire dans ces succursales, dont les registres ne seroient que des doubles du Grand-Livre, et seroient aussi variables que les états des paiemens d'arrérages à faire dans les départemens.

Lorsqu'un rentier changeroit d'arrondissement de succursale, il en donneroit avis au directeur succursaliste, qui le transmettroit à celui du Grand-Livre à Paris, lequel feroit expédier de suite l'ordre de changement pour l'arrondissement indiqué ; le directeur succursaliste de l'arrondissement quitté, informé du changement, feroit aussitôt rayer l'article sur ses registres, avec la mention du changement.

Tous les rentiers payés à Paris auroient la faculté de se faire porter sur les registres de telle succursale qu'ils voudroient choisir.

A mesure des transferts qui seroient faits dans chaque succursale, il en seroit adressé des doubles à la direction du Grand-Livre à Paris , qui expédieroit de nouvelles inscriptions pour remplacer les promesses ou inscriptions provisoires que le directeur succursaliste auroit délivrées au nouveau titulaire.

Les transferts ne s'y feroient, comme à Paris, que par le ministère des agens de change de la bourse établie dans la ville, chef-lieu de succursale.

De cette manière, l'unité du Grand-Livre seroit conservée , et jamais le paiement des arrérages ne pourroit être arrêté ni entravé , puisque tous les élémens pour l'ordre et la distribution des paiemens existeroient à Paris.

Il y a tout lieu de croire que cette facilité donnée aux rentiers des départemens, déterminera un grand nombre de particuliers à faire des placemens en ces valeurs , ce qui contribuera également au succès de l'établissement des banques proposées.

Si , comme on peut l'espérer, la rente étoit recherchée dans les départemens, les spéculateurs de Paris s'empresseroient d'y porter une partie des rentes flottantes , ce qui contribueroit singulièrement à **en** améliorer le cours dans la capitale.

OBSERVATIONS.

Quelques objections pourroient être faites contre l'établissement des banques dont on vient de présenter le projet.

On dira d'abord que celles qu'on avoit déjà établies dans plusieurs des villes désignées pour être les chefs-lieux des nouvelles, n'ont pas pu se soutenir, que leurs dépenses excédoient les bénéfices, et qu'on ne doit pas mieux augurer des nouvelles.

On ajoutera peut-être que les riches propriétaires qui ne vivent que de leurs revenus, n'ayant ni la volonté ni l'occasion de s'occuper de spéculations commerciales, refuseront de s'intéresser à des banques dont ils n'éprouveront pas le besoin.

On ira même jusqu'à dire qu'en supposant les meilleurs intentions et un concours unanime de bonne volonté de la part de tous les propriétaires et capitalistes de la France, il y aura impossibilité de réunir une masse d'actionnaires suffisante pour obtenir dans l'année le versement d'une somme de 318 millions.

Je crois qu'il seroit possible de répondre victorieusement à toutes ces objections.

Sur la première, j'observerai, qu'en thèse générale, toutes les banques purement commerciales, telles que celles qui ont été formées jusqu'à ce jour, et qui n'avoient pour actionnaires que des négocians et des marchands, ont dû être exposées à mille entraves provenant des rivalités de spéculations, et de cet esprit mercantile et tracassier, qui ne vise qu'à des bénéfices journaliers, sans s'inquiéter des résultats généraux dont il n'aperçoit pas l'influence immédiate. Généralement, les personnes livrées aux opérations commerciales, se déterminent difficilement à se dessaisir de leurs fonds, dont ils éprouvent à chaque instant le besoin.

Cet obstacle subsistera toujours, jusqu'à ce qu'un grand mouvement d'opérations fasse sentir dans les départemens la nécessité d'un papier de circulation, et s'opposera constamment à la prospérité et au maintien des banques purement commerciales.

Je ne dois pas non plus négliger de signaler et de mettre au nombre des plus grands obstacles que doivent éprouver les établissemens de ce genre, ces hommes qui, nés du sein de la révolution, dont ils ont toute l'immoralité, ont contracté l'habitude de ne spéculer que sur la misère publique, et qui, ne vivant que d'usure, semblent suivre à la piste toutes les personnes qui ont éprouvé des pertes, avec la certitude de consommer leur ruine, s'ils peuvent les déterminer à recevoir leurs secours clandestins.

Ces hommes, que l'on peut regarder comme les fléaux de la société, apporteront de continuelles entraves à tout établissement qui tendroit à diminuer l'emploi de leurs moyens usuraires. La seule proposition d'un plan qui pourroit contrarier leurs spéculations, est capable de leur faire jeter les hauts cris et livrer à l'anathème celui qui auroit osé la faire ; ils ont acquis une telle importance, que leurs opinions anti-sociales ne trouvent malheureusement que trop de croupiers qui les propagent, et parviennent à étouffer toutes les idées de bien public. Tout ce qui est bénéfice pour les autres est perte pour eux. La prospérité générale agit sur eux, comme la lumière du soleil sur les oiseaux de nuit, qui ne peuvent agir librement que dans les ténèbres.

Mais je dois me borner à prouver que, si des banques commerciales n'ont pas pu se soutenir dans les villes manufacturières, lorsqu'elles n'ont eu pour actionnaires que les négocians et commerçans de ces mêmes villes, il n'en faut pas conclure de même des Banques qui seroient établies sur d'autres bases et sur des combinaisons plus étendues et mieux appropriées aux circonstances qui en font sentir plus vivement la nécessité.

Il est naturel qu'au milieu de tous les moyens d'entraves que l'on vient d'indiquer, des Banques de cette nature n'ayent pas pu se soutenir ; mais il faut y ajouter encore cette autre considération, que, souvent livrées au caprice et à la cupidité de quelques hommes influens de la ville, eux seuls et leurs partisans y trouvoient des secours abondans, tandis que les autres éprouvoient les plus grandes difficultés pour faire escompter un effet de la plus mince valeur.

Quand une Banque, créée pour tous, devient en quelque sorte le patrimoine de quelques-uns, il est impossible qu'elle se maintienne ; les actionnaires rebutés de refus , retirent leurs fonds qui ne leur procurent ni intérêt ni moyens de secours dans leur commerce et dans leurs entreprises ; toutes les personnes qui ont été à portée de connoître ce qui s'est passé dans ces banques , savent parfaitement que c'est ce défaut d'union , produit par la cupidité et l'esprit de coterie, qui a nécessité leur dissolution.

Les banques proposées auroient de toutes autres bases , un tout autre but.

L'arrondissement le moins étendu de chacune d'elles comprend 3 départemens auxquels elle doit être d'un égal secours , proportionnellement à son étendue , à sa population , à sa richesse , à son commerce et à son industrie. Il faut que toutes les villes qui éprouvent des besoins , y trouvent des secours proportionnés ; chaque ville y aura donc un crédit spécial , d'après une répartition qui seroit arrêtée en assemblée générale.

Une chambre syndicale , composée , dans chaque ville , de tous les notables marchands et manufacturiers, ainsi que des principaux actionnaires de la Banque qui y auroient leur résidence, assigneroit à chacun la somme de crédit qu'il auroit à la Banque; et sur ses effets à trois mois, à l'intérêt de demi pour cent par mois, la Banque lui prêteroit, jusqu'à concurrence du crédit alloué, un tiers en numéraire , et les deux autres tiers en billets de la Banque.

Ces crédits n'absorberoient jamais au delà des deux tiers des fonds de la Banque, et, suivant les circonstances , que la moitié ou le tiers. Tout le surplus seroit réservé pour les escomptes à faire à la Banque; la quotité de ces escomptes seroit déterminée, chaque jour , pour les effets qui auroient été présentés deux jours à l'avance, afin de donner aux directeur et conseil de la Banque, le temps de reconnoître la convenance d'admettre à l'escompte , ou de refuser les effets présentés.

Tous les particuliers qui auroient été admis à avoir un crédit à la Banque, y auroient un compte ouvert, et du moment que la quotité déterminée du crédit de chacun d'eux seroit absorbée, il ne pourroit plus être escompté de ses effets, à moins qu'ils ne fussent endossés par une autre personne, dont le crédit ouvert présenteroit une latitude suffisante. Toute personne qui auroit laissé protester un seul de ses effets, seroit à l'instant rayée du compte des crédits, et ne pourroit plus être admise à l'escompte que d'après une nouvelle délibération du conseil d'Administration de la Banque.

De cette manière, la Banque seroit utile à tous, et auroit pour sûreté de ses opérations, la garantie morale des chambres syndicales qui auroient désigné les personnes susceptibles d'un crédit déterminé.

Ses bénéfices se composeroient, d'une part, de l'intérêt de la rente qu'elle auroit achetée du Gouvernement, et de l'autre, d'un intérêt annuel de six pour cent des deux tiers au moins du triplement de son fonds de banque en numéraire.

Ainsi, la Banque de Lyon, dont le premier capital doit être porté, pour les 9 départemens qui formeront son arrondissement, à 30,024,430 fr. 50 c.

Auroit d'abord une rente de 1,667,423 fr. pour les deux tiers de ce capital, ci 1,667,423   »

Et pour l'autre tiers qui, à raison des réserves de caisse ou fonds stagnants, ne doit, malgré l'émission d'une somme double en billets de banque, être que l'équivalent de la somme placée en rentes, elle auroit, au moyen de ses opérations d'escompte et de crédit, un intérêt de 6 pour cent par an, ci.   1,200,977   »

Ce qui fait un total de 2,868,400   »

Sur quoi, déduisant pour frais d'administration 300,000   »

Reste en bénéfice net 2,568,400   »

En ne calculant qu'à 6 pour cent, l'intérêt de la mise totale de fonds des actionnaires . 1,794,330   »

Il y auroit donc un excédant de 774,070   »

Qui représentent environ deux ⅓ d'intérêts de la mise de fonds : ainsi, chaque banque pourroit compter, dans l'état actuel des choses, sur environ neuf pour cent d'intérêt, indépendamment du bénéfice qu'elle auroit obtenu par l'amélioration du cours de la rente.

Proportionnellement, les résultats seroient les mêmes à la Banque de Troyes, dont le premier capital, pour les 3 départemens qui la composent, est de. . . . . . . 8,842,350 fr. » c.

Dont le tiers est de. 2,947,450   »

Et les deux autres tiers de. . . . . . . 5,894.900   »

Somme pour laquelle elle auroit, au cours de 60 fr., une inscription en 5 pour 100 consolidés de   491,204   »

Les intérêts résultant de ses opérations de banque, calculés à 6 pour 100, ainsi qu'on l'a fait pour la banque de Lyon, s'élèveroient à.   353,694   »

Total des produits   844,898   »

Frais d'administration.   90,000   »

Reste pour les bénéfices à répartir entre les actionnaires   754,898   »

Qui représentent également environ 9 pour 100 de la totalité de la mise de fonds.

On ne doit donc pas craindre que ces banques organisées et opérant comme on vient de l'indiquer, ne puissent pas se soutenir. N'auroient-elles pour bénéfice que l'intérêt du placement en rentes, il seroit encore suffisant pour déterminer les personnes pour lesquelles le mot de Patrie n'est pas un vain nom, à s'y intéresser.

On dira que le placement isolé en rentes seroit plus avantageux. Numériquement, il le seroit en effet, s'il ne devoit y avoir aucun bénéfice sur les opérations de la banque; mais on doit considérer, en outre, qu'il est bien différent de faire un placement isolé, ou de l'effectuer en société et avec le concours d'une foule de personnes toutes intéressées à améliorer le crédit public; coopération qui doit donner à tous l'assurance, qu'après l'acquittement du tribut imposé par les puissances alliées, le cours de la rente, aidé de l'amortissement national, prendra un accroissement rapide.

Chacun, dira-t-on encore, veut garder par devers lui un certain pécule, dont il se dessaisit difficilement; tout homme sage et prudent aura sans doute cette précaution, pour subvenir aux besoins ou pour parer aux pertes qui pourroient résulter d'évènemens imprévus. Mais c'est le plus petit nombre, et généralement l'effet des resserremens partiels n'a d'influence remarquable sur la circulation du numéraire, que dans les temps de crainte et d'inquiétude générales. Il suffit d'en détruire la cause, pour que les choses reprennent de suite leur cours ordinaire; les resserremens d'argent cessent, aussitôt que la confiance renait. Alors tout le monde est intéressé à faire un placement avantageux de ses fonds. Comme il s'en présentera peu qui offriront la perspective de bénéfices plus considérables que les actions des banques proposées, il n'y a pas lieu de craindre qu'elles ne soient pas recherchées.

On ose donc assurer que l'appel qui sera fait par le Gouvernement aux riches propriétaires de venir au secours de l'État, en concourant de tous leurs moyens à la formation de ces banques, produira tout l'effet qu'on doit en attendre.

Des mesures isolées n'inspirent que peu de confiance, et c'est toujours par ce motif qu'elles n'atteignent presque jamais le but auquel elles étoient destinées. Les mesures générales, au contraire, lorsque le plan est reconnu bon et le but utile, dissipent toutes les craintes, et chacun s'empresse d'y prendre part, ne seroit-ce que par amour-propre.

S'il s'agissoit d'y engager une portion considérable de sa fortune, on conçoit aisément qu'il seroit difficile d'obtenir le résultat demandé, mais que tous ceux seulement qui paient plus de 3oo francs de contributions directes, y placent la moitié d'une année de leur revenu, les 318 millions demandés seront bientôt remplis.

En n'évaluant le revenu foncier de la France qu'à la somme de. . . . . 9oo millions.

Et celui de l'industrie qu'à. . . . . 1,8oo millions.

TOTAL. . . . . 2,7oo millions.

Dont le tiers est présumé appartenir à la classe qui paie plus de 3oo francs de contributions directes, ci . . . . 9oo millions.

La moitié d'une année de leur revenu seroit $\frac{1}{2}$ de. . . . . 45o millions.

On voit donc qu'il y auroit une latitude plus que suffisante pour obtenir, sans la moindre gêne, le capital demandé pour la première formation des banques, puisqu'il resteroit encore, pour les gens craintifs, ou dont les affaires seroient embarrassées, une somme de 132 millions, qui représente plus du quart de la masse des contribuables qui seroient appelés à concourir à la formation de ces banques.

Que le Gouvernement veuille seulement en faire l'essai, et il n'y a pas de doute qu'avant six mois toutes les banques projetées, malgré les fâcheux résultats de la dernière récolte, ne soient en pleine activité, et capables de remplir le but de leur institution.

Tout est bénéfice pour les propriétaires dans la formation de ces banques, puisque la confiance générale doit en être le résultat. La valeur de tous les capitaux se trouvera de suite augmentée d'un quart ou d'un cinquième, tout en leur offrant un placement solide et avantageux, sous le rapport, tant du taux de l'intérêt, que de la perspective assurée de l'accroissement des capitaux ainsi employés.

On pourroit ajouter avec certitude que la réalisation de ce projet auroit pour résultat de réduire les emprunts à faire à moins de 70 millions de rentes, ce qui donneroit l'assurance de voir diminuer plus promptement la quotité des contributions imposées sur les propriétés foncières. Si chaque propriétaire vouloit se pénétrer de la vérité de cette observation, il lui seroit facile de reconnoître que la seule diminution qu'il éprouveroit sur ses contributions, le rempliroit et au delà du capital qu'il auroit placé dans les banques proposées.

On objectera peut-être que l'établissement de ces banques pourra nuire à celle de Paris. On croit pouvoir assurer qu'elles ne lui porteront que peu ou point de préjudice ; elles ne seront que ses auxiliaires, que ses associées pour la libération de la dette de l'État et sa prospérité générale, puisqu'elle même entre pour beaucoup dans le plan projeté ; elle y entre tellement, qu'il sera peut-être convenable d'augmenter le nombre de ses actions.

Il doit nécessairement être dans les vues du Gouvernement de n'emprunter directement à l'étranger que le moins possible ; autrement il exposeroit la France à des chances extrêmement défavorables.

La Banque et les banquiers de Paris sont dans l'impuissance de soutenir une négociation qui ne seroit même que de dix millions de rente. Ils ne pourroient donc l'entreprendre qu'avec le concours des banquiers étrangers, qui ne manqueroient pas de leur faire la loi. Ils leur imposeroient, et par suite au Gouvernement, les conditions les plus onéreuses. Ce seroit en vain qu'ils chercheroient, dans les départements, des coopérateurs. Ils n'en trouveroient que d'impuissans ; les embarras ne tarderoient pas à se faire sentir, et les angoisses de l'inquiétude générale qui en seroit le résultat, produiroient les effets les plus fâcheux, les plus funestes ; puisqu'en dernière analyse, le point essentiel sera toujours le placement des rentes provenant des emprunts du Gouvernement.

On le répète donc encore, tant que le Gouvernement agira isolément avec les banquiers de Paris ou de l'étranger, l'écoulement de ces rentes en France sera très-difficile. Il est évident, d'ailleurs, qu'il leur sera impossible de fournir annuellement le montant de chaque emprunt, sans négocier chaque fois les valeurs qui leur seront données en paiement; c'est à ce moment qu'ils sentiront, mais trop tard, toute la difficulté de leur position et de celle dans laquelle ils auront mis la France; leurs promesses, que je ne qualifierai que de présomptueuses, de la part des banquiers de Paris, lui auront enlevé tous les moyens de remplir ses engagemens, tandis qu'avec le concours des banques proposées, celui des capitalistes de Paris et la participation de quelques maisons de banque étrangères, il eût été possible de faire face à tout, et de sortir enfin, honorablement et sans secousse, de l'état de misère et d'excessive détresse que nous éprouvons, et qui ne peut manquer de s'aggraver jusqu'au moment de notre entière libération avec les Puissances alliées.

Quand on est au fond d'un précipice, ce n'est plus le moment de dissimuler le danger de s'y endormir; un seul ouragan peut y précipiter des avalanches et des torrens qui nous y engloutiroient; ne nous y laissons donc pas enfouir; que chacun mette la main à l'œuvre, et contribue à la préparation des moyens de gravir les roches escarpées, suspendues au-dessus de l'abîme où nous sommes plongés. Tout retard qui y sera apporté, augmentera le danger de notre position, et en rendra la sortie plus difficile : le moment approche où elle sera peut-être impossible.

La seule ressource de la France, pour se tirer d'embarras sans s'exposer aux chances plus que hasardeuses de l'avenir, est, on ose le dire, dans les banques proposées. Il faut que tout le monde en connoisse, en sente la nécessité, et la nécessité surtout de s'y intéresser; ce n'est que par un concours unanime de volontés, que la France peut être sauvée; c'est donc ce concours de volontés qu'il faut déterminer.

Aux moyens déjà proposés pour l'écoulement des rentes dans les départemens, se joint encore celui d'y employer les plus petits capitaux, les épargnes du rentier, de l'ouvrier, du domestique, enfin, des hommes de toutes les classes qui, vivant d'un travail journalier, ou d'un revenu borné, ne peuvent faire que de foibles économies. Il faut faire en sorte que ces économies leur soient profitables, et leur assurent, pour le moment du repos, des moyens d'existence.

Il faut que, pour les grandes villes comme pour les plus petites, pour les villages comme pour les hameaux, tous les hommes laborieux et économes trouvent, dans ces banques, le placement utile et sûr de leurs épargnes. Elles doivent leur en offrir les moyens : en faisant fructifier cette partie du prix de leurs sueurs, elles assureront, aux uns, des ressources pour leur établissement, et aux autres, une existence douce et paisible pour l'âge de la vieillesse.

Tous les receveurs de l'enregistrement, comme tous les percepteurs, seroient en conséquence autorisés à recevoir, pour le compte de la Banque de leur arrondissement, toutes les sommes qui leur seroient offertes, à la charge, par la Banque, d'en payer l'intérêt tous les six mois, au taux promis dans la reconnoissance qui seroit délivrée. Ce taux d'intérêt seroit déterminé chaque mois, et affiché chez tous les receveurs et percepteurs.

L'état nominatif de toutes les recettes ainsi faites, seroit adressé, tous les mois, aux receveurs généraux, par l'intermédiaire des receveurs particuliers. La transmission en seroit faite immédiatement au directeur de la Banque, qui s'entendroit avec les receveurs généraux, pour la mise à sa disposition des fonds provenant de ces versemens.

D'après la connoissance du montant de tous les versemens effectués chaque mois, il seroit fait réserve à la Banque, d'une inscription de rente représentative de la somme des versemens, au cours qui auroit été déterminé pour ce même mois ; la répartition en seroit faite par département, et la sous répartition par arrondissement, ensuite par commune, et enfin, entre chacun des bailleurs de fonds, au nom duquel il seroit ouvert un compte particulier, sur lequel seroient portés tous les versemens ultérieurs, jusqu'à ce que leur réunion pût donner lieu à une inscription de 50 fr., laquelle seroit transférée immédiatement au nom du propriétaire, et le certificat mis à sa disposition, s'il jugeoit convenable de le retirer.

Il y a lieu de croire que cette mesure, extrêmement avantageuse à la classe ouvrière, produiroit aux banques des moyens considérables pour l'écoulement des rentes, dont elles auroient traité avec le Gouvernement. Ses résultats réunis à ceux des autres produits de la vente des rentes, les mettroient à portée de procurer au Gouvernement les fonds nécessaires pour arriver au terme de sa libération avec les puissances alliées.

A cette époque, le fonds d'amortissement, déjà considérablement accru, accéléreroit l'amélioration du cours de la rente, et malgré la pénurie qu'il est impossible d'éviter, mais à laquelle les billets de banque suppléeroient efficacement, et qui disparoîtra insensiblement, la France pourra reprendre un nouvel essor, et recouvrer toute son indépendance.

ENCORE UNE OBSERVATION.

Les emprunts en rentes ne peuvent se faire que de deux manières, ou par leur aliénation immédiate, ou par leur mise en nantissement.

Dans la position où se trouve la France, obligée de faire, pendant quatre années, un emprunt annuel, pour combler le déficit de ses recettes, le nantissement ne peut avoir lieu que pour un temps très-court, après lequel la rente, qui en auroit été le gage, seroit censée aliénée définitivement; mais où se fera l'écoulement de ces rentes? Ce ne peut être qu'en France et toujours en France, quelles que soient les premières ou secondes mains qui s'en soient emparées, puisque l'effet de l'amortissement les force nécessairement d'y rentrer.

Il faut donc en conclure que tout le capital qui aura été ainsi employé par l'étranger, lui reviendra avec tout le bénéfice résultant de l'amélioration produite dans le cours de la rente, par l'effet nécessaire d'un amortissement périodique et soutenu, indépendamment de l'intérêt qui lui aura été payé jusqu'à son remboursement; et comme on ne peut compter sur une amélioration sensible dans le cours de la rente, qu'après l'entière libération de la France avec les Puissances alliées, si on ne suit que les moyens indiqués jusqu'à ce jour, tout ce qui sera vendu à l'étranger, le sera nécessairement au cours moyen de 60 fr. ou au-dessous, ainsi que le Ministre l'a annoncé dans le budget de 1817.

On croira peut-être avoir diminué sa chance de perte, en associant quelques maisons de banque de la capitale aux banquiers étrangers; point du tout, ou au moins l'avantage sera si peu sensible, que ce n'est pas la peine d'en parler.

Les trente-cinq banquiers de Paris, désignés dans l'almanach royal, dont quelques-uns d'ailleurs sont étrangers ou agissent pour le compte de maisons étrangères, ne peuvent pas négocier pour leur propre compte et avec leurs propres fonds au-delà de 45 à 50 millions en numéraire : en y associant les autres maisons de commerce de Paris et des départemens, ils ne pourront pas y employer plus de 100 millions, à moins d'emprunter le surplus à l'étranger; et, dans cette hypothèse encore; ces mêmes banquiers seront obligés d'abondonner leurs opérations ordinaires, au grand détriment du commerce et de l'industrie nationale.

La portion que les banquiers de Paris auront donc prise dans l'emprunt, quelque forte qu'elle soit, profitera aux seuls étrangers, dont ils n'auront été que les courtiers, puisqu'ils auront été obligés de leur emprunter les fonds nécessaires pour consommer l'opéra-ration. S'ils avoient des capitaux suffisans pour racheter les rentes qu'ils leur auroient données en nantissement, les étrangers ne profiteroient que des intérêts de la somme prêtée, et, à cet égard, la France y trouveroit son compte ; mais comme ils ne pourront pas retirer leur nantissement à l'expiration du délai fixé, il faudra vendre la rente, et elle ne pourra l'être qu'au cours de la place, à un rabais qui sera proportionné à la masse de rentes dont les circonstances et le besoin auront forcément déterminé la vente.

On peut assurer à l'avance que cette baisse, accrue de toute la frayeur qu'elle aura inspirée aux propriétaires français, fera rentrer la rente toute entière, et au plus vil prix, dans les mains des mêmes étrangers qui en auront forcé la vente.

Je suppose qu'en ne mettant en circulation, cette année, aucune partie de la rente de l'emprunt, on parvienne à en élever le cours à 70 fr.; le traité à faire l'année prochaine pourra être réalisé, y compris les primes de nantissement, à 62 ou 63 fr., comme celui de cette année l'a été, dit-on, à 52; mais il sera toujours constant que le terme moyen de ces deux emprunts, pour le Gouvernement, aura été de 55 à 58 fr. : comme alors il faudra consentir à l'écoulement des rentes du premier emprunt; quel sera le résultat de cet écoulement devenu nécessaire ? Une baisse sensible qui tournera toute entière au profit de l'étranger, ainsi qu'on vient de le démontrer, puisque lui seul pourra acheter; et l'on sera trop heureux, si, négligeant de profiter de ses avantages, il n'entre pas dans l'arêne pour augmenter encore la dépréciation de la rente, avec un jeu de prime capable de déconcerter les plus hardis spéculateurs français, et de damer ainsi le pion à tous les banquiers de Paris qui auroient intérêt de lutter contre lui, malgré tout le désavantage de leur position; puisque, pour subvenir aux nouveaux engagemens qu'ils auroient pris avec le Gouvernement, ils seroient eux-mêmes forcés de vendre les rentes dont ils seroient restés nantis. Les étrangers seuls profiteront donc de toute la perte que ceux-ci auront faite ; car, où la partie n'est pas égale, il n'y a rien à gagner pour le plus foible. Il ne leur restera donc d'autre moyen que de transiger avec les étrangers, qui leur feront la loi : les banquiers de Paris y perdront moins, mais toute la masse des bénéfices sera pour les étrangers, au grand détriment de la France.

Ainsi, de quelque manière qu'on opère, sans le concours des banques proposées, les résultats annoncés dans le tableau n°. 1, auront lieu inévitablement, et le montant de tout le numéraire qui sera employé à l'amortissement, passera dans les seules mains de l'étranger, indépendamment des intérêts et de tous les bénéfices qu'ils auront faits d'ailleurs.

Il n'y a pas, dit-on, de capitalistes en France, mais où il y a des capitaux, il ne doit pas être difficile d'en créer, il suffit de les réunir, et les capitalistes qui manquent, seront les banques que je propose.

La résistance qui sera apportée à la création de ces banques, de quelque part qu'elle vienne, sera d'autant plus fâcheuse, qu'en empêchant l'exécution du projet présenté, elle amènera nécessairement à la création d'un papier monnoie forcé qu'on ne pourra faire accepter aux étrangers qu'avec la différence du cours, et dont ils accéléreront la dépréciation par l'emploi qu'ils s'empresseront d'en faire.

Il est impossible de se dissimuler que cette dépréciation produira infailliblement la ruine complette de tous les créanciers indigènes, suite inévitable de l'augmentation indéfinie d'une dette qu'il ne sera plus possible d'éteindre que par une nouvelle banqueroute.

Tous les calculs qui seront faits pour prouver le contraire, ne peuvent être établis que sur des idées chimériques, dont une expérience, qui sera bien tardive pour ceux qui ne veulent rien voir, je ne dis pas dans l'avenir qui ne se compose que d'illusions, mais dans le passé, démontrera bientôt la futilité, en ne présentant plus à l'œil étonné que le tableau le plus horrible de tous les maux qu'ils auront accumulés sur la France.

Que demandent les Puissances alliées? l'assurance d'une paix durable et que le repos de l'Europe ne sera plus troublé par des convulsions révolutionnaires dont la France n'a été que trop long-temps le théâtre.

Montrons donc aux étrangers que la grande majorité des Français ne veut ni trouble, ni anarchie, ni révolution nouvelle. Donnons leur pour garantie l'assurance d'un concours unanime et imposant de volontés à cet égard, et comme il n'en peut exister de plus positif que celui dont les banques proposées seroient le résultat, la France doit espérer que les Puissances alliées qui, sans doute, ne veulent pas son entière ruine, seront disposées à retirer, à l'expiration de la troisième année du traité du 20 novembre 1815, les troupes d'observation qui investissent les frontières du nord ; ce sera une diminution de dépense de 260 millions, dont les résultats inappréciables pour le repos futur de la France, doivent être ajoutés en principal et intérêts aux calculs probables de la situation comparative, mise à la suite du tableau n°. 1er. joint à mon projet.

N°. Ier. **TABLEAU** des Emprunts successifs annoncés par le Budget de 1817, devoir être faits pour couvrir le déficit annuel des Recettes jusqu'à la libération du tribut imposé à la France par les Puissances alliées.

ANNÉES.	EMPRUNTS en Rentes 5 p. 100.	CAPITAL au cours de 60 fr.	CAPITAL à 5 p. 100.	DIFFÉRENCE.	PAIEMENT des intérêts pour chaq. année.
	fr.	fr.	fr.	fr.	fr.
1817	30,000,000	360,000,000	600,000,000	240,000,000	15,000,000
1818	21,800,000	261,600,000	436,000,000	174,400,000	40,900,000
1819	21,100,000	253,200,000	422,000,000	168,800,000	62,350,000
1820	22,900,000	274,800,000	458,000,000	183,200,000	84,350,000
Tot.	95,800,000	1,149,600,000	1,916,000,000	766,400,000	(1) 202,600,000

Dans la supposition que tous les emprunts puissent être faits à l'étranger, il convient d'ajouter à cette somme d'intérêts celle payée en 1816 pour la première année du tribut, ci . . . 270,000,000

La dette ancienne due à l'étranger, et dont le remboursement en rentes a été stipulé par le traité du 20 novembre 1815, s'élèvera, par aperçu, à 10 millions de rentes, dont l'intérêt pour cinq années est de. 50,000,000

On ne peut pas évaluer à moins de 300 millions les sommes et valeurs en numéraire enlevées de la France à la dernière invasion, ci 300,000,000

T\sub{OTAL}. 822,600,000

Comme la totalité du produit des emprunts est censée devoir

---

(1). On n'a fait entrer, dans le calcul des intérêts à payer pendant ces quatre années, que six mois de ceux de la première année de chaque emprunt, ce qui fait

Pour 1817 . . . . 15,000,000 fr.

Pour 1818 . . . . 10,900,000 fr

Pour 1819 . . . . 10,550,000 fr

Pour 1820 . . . . 11,450,000 fr

T\sub{OTAL}. . . . . . . 47,900,000 fr

<table>
<tr><td>De l'autre part. . . . . . .</td><td>822,600,000</td></tr>
</table>

s'élever à. . . . . 1,149,600,000 fr.

Et que la France n'aura à payer, pour les quatre derniers cinquièmes du tribut, que . . . . 1,080,000,000 fr.

Il lui sera resté un boni de.   69,600,000 fr.

Qu'il faut déduire sur les sommes qu'on suppose devoir être payées à l'étranger jusqu'à 1821, ci.   69,600,000

RESTE   753,000,000

La France devra en outre à l'étranger une rente de 105,800,000 fr., qui, au cours moyen de 80 fr., fait un capital de   1,692,800,000

En supposant que cette somme, au moyen de l'amortissement annoncé, puisse être remboursée par quinzième, d'année en année, il faudra ajouter à ce capital toute la somme d'intérêts qui aura été payée; ces intérêts, diminués chaque année d'un quinzième, qui est de 7,053,333 fr. 33 cent., s'élèveroient, pendant les quinze années employées au remboursement du capital, à la somme de   846,400,035

Il convient d'ajouter à cette somme les bénéfices d'agio, qu'il sera facile aux négociateurs étrangers d'obtenir par le jeu des rentes, à la Bourse de Paris. On peut les évaluer à 15 millions par an, ce qui fera, pour les quinze années, la somme de   225,000,000

Total des sommes que la France aura payées aux étrangers jusqu'à 1835, ci   3,517,200,035

Ce qui feroit l'équivalent d'un tribut annuel de 175,860,003 fr. que la France se seroit obligée de payer aux étrangers, pendant l'espace de 20 années.

Il est pénible de penser qu'indépendamment de l'avantage qu'un tel état de choses donnera à l'étranger d'introduire en France le produit de ses manufactures, il finira par s'emparer de presque tout le bénéfice du cabotage. Cette perte sera d'autant plus sensible pour la France, que, ne pouvant plus avoir qu'un très-petit nombre de marins, il lui sera impossible de s'occuper, avant 30 années, du rétablissement de sa marine militaire.

TABLEAU du remboursement à faire, en 15 années, des 1,692,800,000 fr. formant le capital au cours moyen de 80 fr. des 105,800,000 de rente que la France devra à l'Etranger à la fin de 1820.

ANNÉES.	INTÉRÊTS	CAPITAL		TOTAL.	
1821	105,800,000	112,853,333	33	218,653,333	33
1822	98,746,667	112,853,333	33	211,600,000	33
1823	91,693,334	112,855,333	33	204,546,667	33
1824	84,640,001	112,853,333	33	197,493,334	33
1825	77,586,668	112,853,333	33	190,440,001	33
1826	70,533,335	112,853,333	33	183,386,668	33
1827	63,480,002	112,853,333	33	176,333,335	33
1828	56,426,669	112,855,333	33	169,280,002	33
1829	49,373,336	112,853,333	33	162,226,669	33
1830	42,320,003	112,853,333	33	155,173,336	33
1831	35,266,670	112,853,333	33	148,120,003	33
1832	28,213,337	112,853,333	33	141,066,670	33
1833	21,160,004	112,853,333	33	134,013,337	33
1834	14,106,671	112,853,333	33	126,960,004	33
1835	7,053,338	112,853,333	33	119,906,671	33
TOTAUX.	846,400,035	1,692,800,000	»	2,539,200,035	»

Ainsi, pour se libérer d'une somme d'un milliard quatre-vingts millions que la France doit pour les quatre derniers cinquièmes du tribut qui lui a été imposé, elle aura contracté l'engagement de payer en numéraire effectif celle de deux milliards neuf cent soixante-six millions huit cent mille trente-cinq francs, y compris les 202,600,000 fr. d'intérêts payés pour les 4 premières années des emprunts jusqu'en 1821, et les 225,000,000 de bénéfices d'agio, faisant près de trois fois la somme due.

Que cette somme soit extraite de la France, en numéraire ou en marchandises, le résultat sera toujours le même, puisque toute sortie de valeurs qui ne rapporte rien en retour, est pour le débiteur une perte réelle que rien ne peut compenser : son avoir est diminué de toute la somme ainsi extraite.

Ajoutez à cette considération qu'il n'en faudra pas moins payer en numéraire toutes les denrées coloniales et marchandises étrangères nécessaires à la consommation de la France ; de manière que ce beau royaume ne seroit plus en quelque sorte qu'une colonie que les étrangers exploiteroient à leur convenance et à leur discrétion, puisqu'il ne lui resteroit ni moyen de résistance, ni moyen de réparer ses pertes.

On observera peut-être que l'affluence des étrangers est considérable, et que la dépense qu'ils font doit être regardée comme une compensation suffisante des sommes que nous serons obligés de leur payer.

Je suppose qu'il y ait en France vingt-cinq mille étrangers, dont chacun fasse une dépense annuelle de 3,000 fr. ; le résultat de cette dépense sera de 75 millions; mais cette somme ne compense ni celle que les Français eux-mêmes font à l'étranger, ni l'exportation de numéraire qu'absorbent et l'achat des denrées coloniales et l'introduction des marchandises que ces mêmes étrangers auront la facilité d'introduire en France.

Situation comparative dont il seroit possible d'obtenir le résultat, en adoptant les mesures que je propose.

Le tableau N°. Ier., joint à mon projet, donne la mesure exacte des sommes que la France auroit à payer, et dont les quatre cinquièmes au moins passeroient à l'étranger, si l'on ne suivoit que les moyens adoptés jusqu'à ce jour. Je crois devoir présenter, comme objet de comparaison, celui des résultats qu'on obtiendroit très-probablement, si l'on adoptoit ceux que j'ai indiqués.

J'ai supposé, comme le Ministre lui-même l'a annoncé, que la totalité de l'emprunt de 30 millions seroit réalisé au cours de 60 fr., ce qui en élèveroit le produit à la somme 360 millions; de manière qu'au moyen des réductions déjà faites dans les dépenses, et de celles qu'il sera encore possible d'obtenir, et dont la totalité, pour les quatre années de 1817 à 1821, seroit de 154 millions; il n'y auroit plus à se procurer, pour couvrir tous les déficits annoncés, qu'une somme de 635 millions.

En suivant le plan que j'ai indiqué, il est probable qu'on obtiendra cette somme au cours moyen de 80 fr., ce qui réduiroit les émissions de rentes restant à faire à........... 39,687,500 fr.

Cette somme, réunie aux 30 millions négociés pour 1817, ci.................................... 30,000,000

porteroit la totalité des rentes qu'on auroit été obligé d'émettre, à........................... 69,687,500

L'émission jugée nécessaire par le budget de 1817, seroit donc réduite de.................... 26,112,500

Somme égale à celle demandée par le budget.. 95,800,000

TABLEAU des Emprunts nécessaires, d'après le plan proposé pour couvrir le déficit des recettes jusqu'à la libération du tribut imposé à la France par les Puissances alliées.

ANNÉES	EMPRUNTS en Rentes 5 p. 100.	CAPITAUX au cours de 60 fr. pour 1817, et de 80 fr. pour les 3 autres années.	CAPITAL à 5 p. 100.	DIFFÉRENCE.	PAIEMENT des intérêts de chaq. année.
	fr.	fr.	fr.	fr.	fr.
1817	30,000,000	360,000,000	600,000,000	240,000,000	15,000,000
1818	13,000,000	208,000,000	260,000,000	52,000,000	36,500,000
1819	12,500,000	200,000,000	250,000,000	50,000,000	49,250,000
1820	14,187,500	227,000,000	283,750,000	56,750,000	62,593,750
Tot.	69,687,500	995,000,000	1,393,750,000	398,750,000	153,343,750 (1)

Il faut ajouter à cette somme d'intérêts celle payée en 1816, par la première année du tribut 270,000,000

La dette ancienne à payer aux sujets des Puissances alliées, et dont le remboursement en rentes a été stipulé par le traité du 20 novembre 1815, s'élèvera, par aperçu, à 10 millions de rentes, dont l'intérêt pour cinq années est de. · · · · . 50,000,000

On ne peut pas évaluer à moins de 300 millions les sommes et valeurs de toute nature enlevées à la dernière invasion, ci . . 300,000,000

Ainsi, il aura été extrait de la France, en 1821. 773,343,750

Si la moitié des emprunts est réalisée en France, il faut déduire, pour les intérêts appartenant aux Français. 76,671,875

Ce qui réduira la somme payée aux étrangers, à. 696,671,875

(1) On n'a fait entrer, dans les intérêts à payer pendant ces quatre années, que six mois de la première année de chaque emprunt, ce qui fait

Pour 1817 . . . . 15,000,000 fr.

Pour 1818 . . . . 6,500,000 fr.

Pour 1819 . . . . 6,250,000 fr.

Pour 1820 . . . . 7,093,750 fr.

TOTAL . . . . 34,843,750 fr.

<table>
<tr><td>Ci-contre. . . . .</td><td>696,671,875</td></tr>
</table>

La France doit aux Puissances alliées, pour les 4 cinquièmes du tribut . . . . 1,080,000,000 fr.

En déduisant de cette somme celle de 497,500,000 francs pour la moitié qui seroit prise par les étrangers dans les 995 millions, montant des quatre emprunts, ci. . . . . 497,500,000 fr.

La France devra payer, sur ses propres fonds, celle de . . . . 582,500,000 fr.   582,500,000

Total des sommes qui, en 1821, seront sorties de la France, ci 1,279,171,875

J'ai supposé que la totalité de la somme de rentes demandée par le budget de 1817, pourroit, y compris les 10 millions de mêmes valeurs, dus aux sujets des puissances alliées, d'après le traité du 20 novembre 1815, être remboursée en quinze années, au taux de 80 fr., par une suite nécessaire de l'amortissement, dont la marche et la progression ont été tracées dans le même budget, et j'ai trouvé que la somme à payer, en capital et intérêts, seroit de 2,539,200,035 fr., dont les quatre cinquièmes au moins passeroient chez l'étranger.

Quels seront les résultats du remboursement opéré de la même manière sur les 69,687,500 fr. de rentes, auxquelles j'ai réduit la somme probable des emprunts à faire, en suivant le plan que j'ai indiqué, ainsi que sur les 10 millions de rentes dus aux sujets des Puissances alliées, et dont la réunion à celle ci-dessus, portera la somme totale des rentes à rembourser à 79,687,500 fr., lesquelles, au cours moyen de 80 fr., donnent un capital de 1,275 millions ? (Voir le tableau ci-après.)

Le quinzième de cette somme est de 85 millions, de même que celui de l'intérêt à diminuer chaque année sera de 5,312,500 fr.

TABLEAU du remboursement, en 15 années, des 1,275 millions, formant le capital au cours moyen de 80 fr. des 79,687,500 fr. de rentes que la France devra en 1821, au-delà de celles existant avant le budget de 1817.

ANNÉES.	INTÉRÊTS.	CAPITAL.	TOTAUX.
1821	79,687,500	85,000,000	164,687,500
1822	74,375,000	85,000,000	159,375,000
1823	69,062,500	85,000,000	154,062,500
1824	63,750,000	85,000,000	148,750,000
1825	58,437,500	85,000,000	143,437,500
1826	53,125,000	85,000,000	138,125,000
1827	47,812,500	85,000,000	132,812,500
1828	42,500,000	85,000,000	127,500,000
1829	37,187,500	85,000,000	122,187,500
1830	31,875,000	85,000,000	116,875,000
1831	26,562,500	85,000,000	111,562,500
1832	21,250,000	85,000,000	106,250,000
1833	15,937,500	85,000,000	100,937,500
1834	10,625,000	85,000,000	95,625,000
1835	5,312,500	85,000,000	90,312,500
TOTAUX.	637,500,000	1,275,000,000	1,912,500,000

D'après le tableau, N°. Ier., du résultat des opérations annoncées dans le budget de 1817, la somme à payer eût été de .... 2,539,200,035 fr.

J'avois évalué à 15 millions par an les bénéfices d'agio que les négociateurs étrangers pouvoient faire pendant les quinze années, dans la supposition qu'on s'en tiendroit à l'établissement du seul cours public de Paris, ce qui faisoit une somme de.................................... 225,000,000

Il est probable qu'au moyen des dix-sept Banques proposées, avec un cours public au chef-lieu de chacune d'elles, les bénéfices d'agio des étrangers se réduiront à zéro.

2,764,200,035 fr.

De l'autre part......... 2,764,200,035 fr.

C'est donc une économie à déduire sur nos pertes, ci............... 225,000,000 fr.

D'après la réduction probable qui sera obtenue sur les émissions de rentes, on voit, dans le tableau de remboursement qui vient d'être présenté, que le montant des sommes à payer ne s'éleveroit qu'à..................... 1,912,500,000

Différence, y compris l'économie faite sur les bénéfices d'agio, ci 851,700,035

Plus, la moitié de l'intérêt des emprunts, pendant les quatre premières années......... 76,671,875

Dans la supposition déjà établie, que d'après les mesures proposées pour l'écoulement des rentes en France, plus de la moitié des émissions à faire y sera placée, il convient de réduire dans la même proportion les sommes en capital et intérêts qui seront à payer aux étrangers sur les 1,912,500,000 f. portés au dernier tableau ci − dessus ; mais il ne convient de compter ici que les intérêts montant à (1).... 278,750,000

Total de la somme dont il est possible d'empêcher la sortie de France, en suivant le plan que j'ai indiqué, ci 1,207,121,910

La France n'auroit donc plus à payer aux étrangers, pendant les quinze années qui seroient employées au rachat des rentes émises, que la somme de..................... 1,076,250,000

Ajoutant à cette somme celles qui auroient été payées en 1821, suivant les résultats mis à la suite du tableau des emprunts, ci............ 1,279,171,875

On voit que la totalité des valeurs, dont la sortie de France paroît inévitable, seroit de.. 2,355,421,875 fr.

---

(1) Attendu que ce capital, qui est entré pour 557,500,000 fr. dans le même tableau, fait partie des sommes qui auroient été payées aux étrangers jusqu'en 1821,

N°. II. ÉTAT du montant du principal des Contributions foncière, personnelle, portes et fenêtres, dans les 85 départemens ci-après.

		PRINCIPAL DES CONTRIBUTIONS.			TOTAL.	TRIPLEMENT des trois Sommes réunies.
		Foncière.	Personnelle.	Portes et Fenêtres.		
1	Ain.	1,237,278	141,369	90,700	1,469,347	4,408,041
2	Aisne.	3,070,000	381,700	220,200	3,671,900	11,015,700
3	Allier.	1,423,000	154,900	61,300	1,639,200	4,917,600
4	Alpes (Basses). .	654,170	61,850	40,824	756,844	2,270,532
5	Alpes (Hautes). .	500,830	40,150	25,576	566,556	1,699,668
6	Ardèche. . . .	885,089	97,900	59,500	1,042,489	3,127,467
7	Ardennes. . . .	1,602,148	202,864	101,556	1,906,568	5,719,704
8	Arriège. . . .	590,000	100,100	51,000	741,100	2,223,300
9	Aube.	1,530,000	244,300	114,600	1,888,900	5,666,700
10	Aude.	1,930,000	242,300	93,800	2,266,100	6,798,300
11	Aveyron. . . .	2,140,450	217,670	100,770	2,458,890	7,376,670
12	Bouch.-du-Rhône.	1,520,397	577,900	429,900	2,528,197	7,584,591
13	Ca'vados. . . .	4,260,000	604,500	234,900	5,099,400	15,298,200
14	Cantal. . . .	1,359,000	147,300	40,600	1,546,900	4,640,700
15	Charente. . . .	2,029,999	247,300	110,600	2,387,899	7,163,697
16	Chare.-Inférieure.	2,670,000	384,500	163,900	3,218,400	9,655,200
17	Cher.	1,060,000	131,700	68,900	1,260,600	3,781,800
18	Corrèze. . . .	1,023,000	107,800	55,500	1,186,300	3,558,900
19	Côte- d'Or. . .	2,540,000	355,500	163,000	3,058,500	9,175,500
20	Côtes-du-Nord. .	1,680,000	241,600	85,600	2,007,200	6,021,600
21	Creuse.	880,000	93,900	37,800	1,011,700	3,035,100
22	Dordogne. . .	2,109,000	250,000	95,400	2,454,400	7,363,200
23	Doubs.	1,197,410	189,788	133,612	1,520,810	4,562,430
24	Drôme	1,260,000	142,700	66,200	1,468,900	4,406,700
25	Eure.	3,670,000	383,400	268,000	4,281,400	12,844,200
26	Eure et Loir . .	2,860,000	321,200	135,100	3,346,300	10,038,900
27	Finistère. . . .	1,420,000	351,800	126,800	1,898,600	5,695,800
28	Gard.	1,806,660	282,100	144,100	2,232,860	6,698,580
29	Garonne (Haute).	2,355,748	339,941	194,998	2,890,687	8,672,061
30	Gers.	1,683,178	210,302	96,179	1,990,659	5,971,977
31	Gironde. . . .	2,890,000	680,100	419,400	3,989,500	11,968,500
32	Hérault. . . .	2,551,000	388,100	153,600	3,092,700	9,278,100
33	Ille et Vilaine. .	1,910,000	329,300	123,400	2,425,700	7,277,100
34	Indre.	1,045,000	142,800	50,400	1,238,200	3,714,600
35	Indre-et-Loire. .	1,850,000	232,000	118,800	2,200,800	6,602,400
36	Isère.	2,380,000	265,000	140,300	2,785,300	8,355,900
37	Jura.	1,320,000	164,700	110,800	1,595,500	4,786,500
38	Landes	770,000	95,600	65,500	931,100	2,793,300
39	Loire et Cher. .	1,501,000	209,100	85,200	1,795,300	5,385,900
40	Loire.	1,665,000	292,900	81,900	2,039,800	6,119,400

		PRINCIPAL DES CONTRIBUTIONS.			TOTAL.	TRIPLEMENT de trois Sommes réunies.
		Foncière.	Personnelle	Portes et Fenêtres.		
41	Loire (Haute). .	1,020,000	116,600	57,400	1,194,000	3,582,000
42	Loire-Inférieure.	1,580,081	455,900	141,700	2,177,681	6,533,043
43	Loiret.	2,330,000	373,100	197,900	2,901,000	8,703,000
44	Lot.	1,410,860	192,265	68,821	1,671,946	5,015,138
45	Lot et Garonne .	2,468,022	292,033	92,349	2,852,404	8,557,212
46	Lozère	602,000	51,700	30,100	683,800	2,051,400
47	Maine et Loire .	2,892,053	330,770	129,201	3,352,024	10,056,072
48	Manche. . . .	3,720,000	457,400	155,700	4,333,100	12,999,300
49	Marne	2,470,000	344,200	228,600	3,042,800	9,128,400
50	Marne (Haute).	1,406,000	196,700	106,300	1,709,000	5,127,000
51	Mayenne. . . .	2,180,000	243,800	61,200	2,485,000	7,455,000
52	Meurthe. . . .	1,689,933	229,600	158,400	2,077,933	6,233,799
53	Meuse.	1,580,000	186,600	118,700	1,885,300	5,655,900
54	Morbihan . . .	1,450,000	274,100	88,800	1,812,900	5,438,700
55	Moselle	1,935,669	270,408	187,278	2,393,355	7,180,065
56	Nièvre	1,321,000	176,900	60,200	1,558,100	4,674,300
57	Nord.	4,063,911	718,188	419,487	5,201,586	15,604,758
58	Oise	2,892,000	395,500	234,300	3,521,800	10,565,400
59	Orne.	2,502,464	307,346	123,560	2,933,370	8,800,110
60	Pas-de-Calais. .	2,950,188	422,000	277,800	3,649,988	10,949,964
61	Puy-de-Dôme. .	2,500,000	348,700	77,300	2,926,000	8,778,000
62	Pyrénées (Basses).	870,000	150,900	140,500	1'161,400	3,484,200
63	Pyrénées (Hautes)	570,000	62,700	48,600	681,300	2,043,900
64	Pyrénées Orient.	700,000	61,200	36,800	798,000	2,394,000
65	Rhin (Bas) . .	2,077,927	384,914	306,959	2,769,800	8,309,400
66	Rhin (Haut). .	1,554,753	209,989	161,238	1,925,980	5,777,940
67	Rhône.	2,100,000	559,000	301,900	2,950,900	8,852,700
68	Saône (Haute) .	1,459,850	139,300	122,100	1,721,250	5,163,750
69	Saône-et-Loire. .	3,026,140	320,400	118,300	3,464,840	10,394,520
70	Sarthe.	2,757,536	296,654	108,840	3,163,030	9,489,090
71	Seine.	9,535,000	4,177,400	1,279,900	14,992,300	44,976,900
72	Seine-Inférieure.	5,280,000	1,095,400	538,300	6,913,700	20,741,100
73	Seine-et-Marne .	3,218,000	443,600	162,100	3,823,700	11,471,100
74	Seine-et-Oise. .	4,511,000	616,500	345,500	5,473,000	16,419,000
75	Sèvres (Deux). .	1,778,125	195,748	68,799	2,042,672	6,128,016
76	Somme. . . .	3,448,812	467,000	302,400	4,218,212	12,654,636
77	Tarn.	1,880,000	210,000	99,500	2,189,500	6,568,500
78	Tarn et Garonne.	1,728,742	187,889	69,283	1,985,914	5,957,742
79	Var.	1,400,000	212,800	137,200	1,750,000	5,250,000
80	Vaucluse. . . .	860,854	121,400	78,900	1,061,154	3,183,462
81	Vendée. . . .	1,709,740	192,982	49,100	1,951,822	5,855,466
82	Vienne. . . .	1,350,000	123,500	96,300	1,569,800	4,709,400
83	Vienne (Haute).	1,080,000	134,100	63,200	1,277,300	3,831,900
84	Vosges	1,170,000	131,900	122,300	1,424,200	4,272,600
85	Yonne	1,900,000	262,100	134,900	2,297,000	6,891,000
					211,861,367	635,584,101

N°. 3. Composition de 17 Arrondissemens de Banques de Crédit, considérées comme auxiliaires de la Banque de France.

ARRAS	Nord	15,604,758	
	Pas-de-Calais	10,949,964	39,209,358
	Somme	12,654,636	
RHEIMS	Aisne	11,015,700	
	Ardennes	5,719,704	25,863,804
	Marne	9,128,400	
NANCY	Meurthe	6,233,799	
	Meuse	5,655,900	
	Moselle	7,180,065	37,429,704
	Rhin (Haut)	5,777,940	
	Rhin (Bas)	8,309,400	
	Vosges	4,272,600	
DIJON	Cote-d'Or	9,175,500	
	Doubs	4,562,430	
	Jura	4,786,500	28,362,480
	Nièvre	4,674,300	
	Saône (Haute)	5,163,750	
TROYES	Aube	5,666,700	
	Marne (Haute)	5,127,000	17,684,700
	Yonne	6,891,000	
LYON	Ain	4,408,041	
	Allier	4,917,600	
	Cantal	4,640,700	
	Isère	8,355,900	
	Loire	6,119,400	60,048,861
	Loire (Haute)	3,582,000	
	Rhône	8,852,700	
	Puy-de-Dôme	8,778,000	
	Saône et Loire	10,394,520	

	Report..............		
Marseille.	Alpes (Hautes)....	1,699,668	
	Alpes (Basses)....	2,270,532	
	Bouches-du-Rhône.	7,584,591	24,394,953
	Drôme	4,406,700	
	Var...............	5,250,000	
	Vaucluse..........	3,183,462	
Nysmes....	Ardèche..........	3,127,467	
	Aveyron..........	7,376,670	
	Gard.............	6,698,580	28,532,217
	Hérault..........	9,278,100	
	Lozère	2,051,400	
Toulouse..	Arriège..........	2,223,300	
	Aude.............	6,798,300	
	Garonne (Haute)..	8,672,061	
	Gers.............	5,971,977	
	Lot..............	5,015,838	
	Pyrénées (Basses)..	3,484,200	49,129,818
	Pyrénées (Hautes).	2,043,900	
	Pyrénées Orientales.	2,394,000	
	Tarn.............	6,568,500	
	Tarn et Garonne....	5,957,742	
Bordeaux .	Charente..........	7,163,697	
	Charente-Inférieure.	9,655,200	
	Dordogne.........	7,363,200	47,501,109
	Gironde	11,968,500	
	Landes...........	2,793,300	
	Lot et Garonne....	8,557,212	
Limoges...	Corrèze...........	3,558,900	
	Creuse	3,035,100	
	Indre	3,714,600	18,849,900
	Vienne	4,709,400	
	Vienne (Haute)....	3,831,900	

	Report.............			
Orléans...{	Cher..............	3,781,8o0	}	34,512,660
	Eure et Loir.......	10,038,900		
	Indre et Loire.....	6,602,400		
	Loire et Cher......	5,385,900		
	Loiret.............	8,703,000		
Angers...{	Loire-Inférieure....	6,533,043	}	38,061,687
	Maine et Loire....	10,056,072		
	Sarthe............	9,489,090		
	Sèvres (Deux).....	6,128,016		
	Vendée............	5,855,466		
Rennes....{	Côtes du Nord......	6,021,600	}	31,888.200
	Finistère..........	5,695,800		
	Ille et Vilaine......	7,277,100		
	Mayenne...........	7,455,000		
	Morbihan.........	5,438,700		
Caen......{	Calvados..........	15,298,200	}	37,097,610
	Manche...........	12,999,300		
	Orne.............	8,800,110		
Rouen....{	Eure	12,844,200	}	44,150,700
	Oise..............	10,565.400		
	Seine-Inférieure....	20,741,100		
Paris.....{	Seine.............	44,976,900	}	72,867,000
	Seine et Marne.....	11,471,100		
	Seine et Oise.	16,419,000		
	Total...........			635,584,101

PROPOSITIONS ADDITIONNELLES

CONCERNANT

1°. *La Liquidation de la valeur des biens vendus sur les émigrés ;*

2°. *La Reprise de la Liquidation de la dette arriérée antérieure à l'an 9 ;*

3°. *Une nouvelle Division du Grand-Livre, en rentes à 3 pour 100 immobilisées, et rentes à 5 pour cent mobilisées et immobilisées ;*

4°. *La faculté de compter les rentes immobilisées pour moitié dans la somme du revenu nécessaire pour être électeur et éligible à la Chambre des Députés ;*

5°. *L'établissement d'un mode particulier d'amortissement pour les rentes immobilisées.*

J'AI dit, dans les observations préliminaires de la première partie du plan que je propose, que l'esprit public avoit besoin d'être fortement retrempé ; mais que, pour cela, il falloit rassurer tous les intérêts, faire cesser toutes les inquiétudes.

Je me suis permis aussi de rappeler, dans la note mise à la suite de l'analyse imprimée du même projet, qu'à la seconde rentrée du Roi, j'avois remis un Mémoire, qui avoit pour objet de liquider toute la dette arriérée antérieure à l'an 9, et de pourvoir au remboursement de la valeur des biens vendus sur les émigrés, en rentes à 3 pour 100 immobilisées.

J'avois établi, dans le plan proposé à cette époque, que la liquidation de cet arriéré ne s'élèveroit pas à plus de 900 millions, et que cette dette, réduite au tiers, n'exigeroit, pour son entier acquittement, qu'une émission de 15 millions de rentes.

Que la valeur réelle des biens vendus sur les émigrés, n'excédoit pas plus de 690 millions, qui, réduits au tiers, seroient remboursés avec 11 millions 500 mille francs de rentes.

De manière qu'au moyen d'une émission de 26 millions 500 mille francs de rentes, on pourroit payer tous les créanciers de cette partie de l'arriéré, et indemniser, aussi convenablement qu'il étoit possible de le faire, toutes ces victimes de la révolution.

Je ne tenois compte à personne de la valeur des bons de deux tiers; mais je la remplaçois par une augmentation de capital assez considérable.

Les 26 millions 500 mille francs de rentes, destinées à ces liquidations, eussent été inscrites sur un nouveau livre de rentes à 3 pour 100, dites immobilisées, ce qui donnoit à chaque créancier deux tiers de plus de capital, et pour que cette augmentation de capital ne pût pas être considérée comme illusoire, un fonds annuel de 10 millions eût été affecté à son remboursement intégral, lequel auroit été réalisé tous les ans, d'après un tirage au sort de la série de 300 mille francs de rentes à rembourser.

Voici ce que je disois à ce sujet :

Les événemens qui ont amené la révolution, et ceux qui l'ont suivie, ont bouleversé toutes ou presque toutes les fortunes, et il est aussi impossible de les remettre au point où elles étoient en 1789, que de rétablir la forme et les rouages du Gouvernement qui existoit à cette époque ; tout le monde, je pense, a fait, à l'égard de l'un et de l'autre, le sacrifice de ses prétentions et de ses opinions anciennes.

Mais si, dans le nombre des pertes éprouvées, il en est dont l'amour de la patrie et la nécessité de maintenir le nouvel ordre de choses établi exigent le sacrifice, il en est d'autres aussi dont la justice commande et commandera toujours la réparation.

La remise faite aux émigrés de leurs biens non vendus, lorsqu'elle étoit le résultat d'une amnistie, pouvoit être effectuée avec toutes les restrictions que le Gouvernement qui l'accordoit, croyoit devoir y mettre; mais lorsque la cause de la dynastie, que la révolution avoit éloignée, triomphe, seroit-il juste, seroit-il même convenable de maintenir la rigueur des lois révolutionnaires envers ceux qui avoient sacrifié leur vie et leur fortune à la défense de cette même cause? Non, sans doute; on ne peut pas le croire, on ne doit même pas le penser. Il est évident néanmoins qu'une justice entière et complète, à cet égard, est absolument impossible; mais il y a possibilité et convenance d'établir et de reconnoître les créances résultant des ventes faites des biens des émigrés, de les assimiler aux créances de la même époque, et d'en ordonner le remboursement de la même manière.

Ici la politique se joint à la justice pour commander cette mesure. On ne craint même pas de dire que son ajournement seroit une calamité, en ce qu'il seroit un obstacle au retour de l'ordre, qui ne peut se rétablir que par la réunion sincère de tous les partis, et l'unanimité de tous les vœux pour le Gouvernement constitutionnel qui va s'établir.

Le Roi a reconnu la nécessité de maintenir les ventes de biens nationaux : la Charte en a sanctionné le principe; mais, en laissant à la volonté des acquéreurs le soin d'indemniser les émigrés, on n'a sans doute pas fait attention que, pour le plus grand nombre, ce moyen étoit ou impraticable ou tout-à-fait illusoire.

Tout le monde sait que la plus grande partie de ces biens n'est plus entre les mains des premiers acquéreurs, et que beaucoup se trouvent divisés à l'infini. Quelle transaction d'ailleurs le proprié-

taire originaire pourroit-il espérer de mineurs, d'interdits, d'usu-
fruitiers, de masses de créanciers enfin, auxquelles ces biens ser-
vent aujourd'hui de gage.

Il est probable qu'ils n'ont pas été vendus à leur juste valeur;
mais combien de créances, valeur numéraire, n'ont-elles pas été
employées à leur acquisition? Il y a même lieu de croire que, pour
plusieurs, ils ne représentent pas la moitié des valeurs originaires
qui ont servi à en payer le prix.

Dans un malheur commun, il faut que la réparation du mal fait,
lorsqu'elle est possible, soit commune à tous, sans examiner ni
rechercher qui en a ou n'en a pas profité. Toute mesure contraire
seroit impolitique, souvent inexécutable, et presque toujours in-
juste.

J'annonçois qu'il seroit facile de prouver que la valeur réelle des
biens vendus sur les émigrés, ne s'élevoit pas à plus de 690 millions, et que si l'on en déduisoit les créances payées à leur acquit,
elle se trouveroit peut-être réduite à la moitié de cette somme;
mais que, dans une opération de cette nature, il ne seroit pas
facile de faire un compte exact pour chaque émigré.

Il ne sera cependant pas aussi difficile qu'on le pense peut-être,
d'établir avec quelque précision le montant de la valeur des ventes
et de celle des créances remboursées définitivement à l'acquit des
émigrés. Tous les élémens nécessaires à cet effet existent. Je crois
même que le travail à faire pour établir le compte particulier de
chacun d'eux, ainsi que le résultat général de l'opération, n'exigeroit pas plus de trois à quatre années.

Il suffira d'abord de reconnoitre le montant de toutes les ventes
faites et de déterminer la valeur des biens vendus, soit d'après les
baux existant au moment de la confiscation, soit même d'après le
prix des ventes, lorsqu'il n'existera pas d'autres bases, mais en
ayant égard au temps où elles ont été faites, et en suivant pour règle
l'échelle de dépréciation des assignats : on reconnoîtroit ensuite

pour chacun, le montant du capital de toutes les créances rem—boursées définitivement.

D'ailleurs, la reprise qui seroit faite en même-temps de la liquidation des rentes anciennes, ainsi que des créances antérieures à l'an 9, toutes frappées de déchéance, assureroit aux émigrés un autre genre de recouvrement non moins intéressant pour eux, et qui les placeroit dans une position tout aussi avantageuse que celle des autres créanciers de l'État, puisqu'avec eux ils profiteroient du résultat de la mesure proposée d'élever de deux tiers en sus le capital de la rente à laquelle *ils auroient été liquidés*.

La possibilité de réduire de plus de 26 millions les rentes à émettre pour la libération du tribut imposé par les Puissances alliées, m'a fait penser que l'on pourroit employer le produit de cette économie au remboursement tant du prix des biens vendus sur les émigrés, que de toutes les dettes arriérées antérieures à l'an 9, mais sans distinguer celles postérieures à l'an 4 de celles contractées avant cette époque. Je proposerois en conséquence, comme je l'ai fait dans le temps, de leur assigner le même mode de liquidation et de paiement, puisque les unes ne sont pas plus sacrées que les autres, et qu'étant également frappées de déchéance, on ne devra la reprise de leur liquidation qu'à cet esprit d'ordre et de justice qui doit diriger toutes les opérations d'un gouvernement légitime.

Cependant la mesure que je viens d'indiquer ne pourroit être convenablement exécutée qu'après l'entière libération du tribut imposé par les Puissances alliées; mais si le principe en étoit adopté, on pourroit s'occuper immédiatement des moyens de la réaliser, en faisant réunir les matériaux nécessaires à cet effet (1).

---

(1) La dépense à faire ne seroit pas considérable. Elle pourroit d'ailleurs être assurée au moyen d'une retenue à faire sur les premiers intérêts des rentes qui seroient données en paiement, et provisoirement sur le onzième d'intérêts dont les propriétaires d'inscriptions anciennes feroient l'abandon pour en obtenir l'inscription au livre de 3 pour 100 immobilisés.

Je suis persuadé que son adoption calmeroit beaucoup d'inquié-tudes, tranquilliseroit bien des consciences, feroit cesser des plaintes fondées, et renaître, sous une infinité de rapports, cette confiance si nécessaire et sans laquelle on ne peut rien faire en finance.

Je proposerois aussi, comme je le faisois alors, d'autoriser les créanciers originaires ou leurs héritiers qui auroient conservé les inscriptions de leurs rentes réduites au tiers, à les faire porter au livre des 3 pour 100 immobilisés, à la charge toutes fois de con-sentir à la réduction d'un onzième de la rente, comme représentant la valeur des bons de deux tiers qui y sont entrés.

Ces rentes, ainsi immobilisées, partageroient avec celles prove-nant des liquidations à faire, l'avantage d'entrer dans le tirage an-nuel qui désigneroit la série de 300,000 fr. de rentes à rembourser, au moyen du fonds annuel de 10 millions, destiné à l'amortissement de rentes de cette classe.

Il est probable que la perspective du remboursement intégral porteroit un grand nombre de ces rentiers à se faire inscrire au livre de cette partie de la dette publique; ce qui, en diminuant d'autant la quotité des rentes mobilisées, tendroit à en améliorer le cours.

A ce motif de l'immobilisation des rentes à 3 p. 100, il con-viendroit d'ajouter la faculté de les compter pour moitié dans la somme de revenu nécessaire pour être électeur et éligible à la chambre des députés. Cette faculté, qui ne peut qu'aider sensible-ment à l'amélioration et au maintien du crédit, ne peut être refusée sans injustice aux créanciers de l'Etat qui, en immobilisant leurs rentes, font preuve de dévouement à la chose publique, et donnent une garantie suffisante de leur moralité, ainsi que des intentions où ils seroient de concourir de tous leurs efforts à entretenir la sévérité des principes dans l'administration des finances de l'Etat; mais lorsque cette immobilisation seroit demandée pour cette destina-tion, elle emporteroit l'obligation de ne pouvoir mobiliser les rentes portées au livre des 3 p. 100, qu'après une période de 5 années.

La faculté qui seroit accordée aux propriétaires originaires des rentes anciennes, de les faire reporter au livre des 3 p. 100 immobilisés, avec l'assurance d'obtenir un jour, et peut-être très-prochainement, le remboursement intégral, avec deux tiers de plus de capital, les consolera, en quelque sorte, de la perte des deux tiers qu'ils ont éprouvée sur leur capital originaire.

Il eût été à désirer, sans doute, que l'on pût assurer de même le remboursement de tout le capital ancien des rentes ; mais ce que le rentier recouvrera au-delà de ce qu'il auroit eu droit de prétendre dans l'état actuel des choses, il le devra au retour de la légitimité au trône, et ce sera un lien de plus d'affection et de confiance au Gouvernement bienveillant et juste dont il aura été le résultat.

Rien n'empêche d'autoriser, dès ce moment, les propriétaires originaires des rentes réduites au tiers, ou leurs héritiers, à les convertir en rentes 3 p. 100 immobilisés, en affectant de suite à leur remboursement annuel, une somme proportionnée à celle des rentes qui auroient été ainsi immobilisées. Voici la proportion qui me paroissoit devoir être adoptée.

Je suppose qu'après la liquidation de la dette antérieure à l'an 9, et celle de la valeur des biens vendus sur les émigrés, le montant du livre des 3 p. 100 immobilisés s'élève, y compris les immobilisations volontaires, à 30 millions de rentes, au remboursement desquelles on affecteroit un fonds annuel de 10 millions, la proportion entre la rente et le fonds d'amortissement seroit d'un à 3 ; il ne s'agiroit donc que d'affecter provisoirement à l'amortissement des rentes qui seroient portées volontairement au livre des 3 p. 100, un fonds annuel du tiers de la somme des rentes ainsi immobilisées, de manière que si, dès la première année, elle s'élevoit à 3 millions, le fonds d'amortissement seroit d'un million, ce qui porteroit le montant de la série à rembourser intégralement à 30 mille francs de rente, et le nombre des séries à 100.

Les rentes à 3 pour 100 provenant des nouvelles liquidations qui seront faites sur l'arriéré antérieur à l'an 9, ainsi que pour le remboursement du prix de la vente des biens des émigrés, ne pourront être reportées au livre des 5 pour 100 mobilisés, qu'un an après la liquidation définitive du tout, et après la main-levée de toutes les oppositions dont elles auroient été frappées ; de même que les rentes 5 pour 100 consolidés, provenant de rentes anciennes réduites au tiers, et qui auroient été volontairement portées au livre des 3 pour 100 immobilisés, pourront également en être retirées après la main-levée des oppositions, lorsque l'immobilisation aura été faite, sans avoir déclaré l'intention de les faire compter pour la moitié du revenu exigé pour être électeur et éligible ; mais toutes les fois que, sur la demande des propriétaires, il y aura lieu de les reporter au livre des 5 pour 100 mobilisés, elles le seront avec l'augmentation d'un dixième, représentant le onzième dont elles auront été réduites, lors de leur translation au livre des 3 pour 100 immobilisés.

Je crois devoir aussi appeler l'attention sur une autre mesure, tout aussi convenable et non moins utile, que j'avois proposée dans le même projet. Elle consistoit à autoriser tous les porteurs d'inscriptions de rentes 5 pour 100 consolidés, à les immobiliser, avec la faculté de les compter pour moitié dans la somme de revenu nécessaire pour être électeur et éligible à la chambre des députés, mais à la charge de supporter, pendant une période de cinq années au moins, la retenue annuelle d'un dixième, dont le produit, réuni à une somme double à prélever sur le fonds général d'amortissement, seroit employé au remboursement intégral du capital des rentes 5 pour 100 consolidés, qui auroient été ainsi immobilisées (1). Elles seroient divisées en 66 séries 2 tiers, dont un tirage

---

(1) Lorsque, par exemple, il auroit été immobilisé pour 10 millions de rentes, le fonds d'amortissement seroit de 3 millions, y compris les 2 millions à prélever sur le fonds général d'amortissement, et la rente à rembourser intégralement, de 150 mille francs.

annuel désigneroit la série à rembourser ; de manière que, dans 10 ans, on auroit amorti sur ces rentes, 15 centièmes de leur capital, dont le Gouvernement n'auroit fourni que les deux tiers, ce qui équivaut à un amortissement fait au cours de 66 fr. 66 cent.

Le tirage au sort, de la série à rembourser sur les 5 pour 100 immobilisés, se feroit en même temps et de la même manière que celui de la série à rembourser sur les rentes 3 pour 100.

A l'expiration de la période de 5 ans, exigée pour l'immobilisation, les rentes du livre 5 pour 100 immobilisés, pourroient être reportées à celui des 5 pour 100 mobilisés, si dans les trois premiers mois de la sixième année, la demande en étoit faite par les propriétaires ; passé ce délai, elles seroient considérées comme étant encore immobilisées pour une nouvelle période de cinq années.

Rien n'empêcheroit cependant que toutes ces rentes immobilisées à 3 et à 5 pour 100, ne pussent être vendues au cours de la place et sans frais, comme les autres rentes, à la seule condition de rapporter la main-levée des oppositions existant au jour du transfert qui en auroit été fait et enregistré, soit au Trésor royal, soit à la succursale du Grand-Livre de la dette publique, où elles auroient été inscrites par duplicata.

Il est facile de concevoir que les avantages attachés à toutes ces immobilisations de rentes, ont pour objet de diminuer la masse des 5 pour 100 consolidés, et de contribuer ainsi à en améliorer le cours ; car il ne faut pas se dissimuler que les emprunts auxquels la France est obligée de recourir pour opérer sa libération envers les Puissances alliées, et couvrir le déficit de ses recettes, mettront sur la place une masse énorme de rentes flottantes, dont il seroit extrêmement difficile de maîtriser et de soutenir le cours, si, par des mesures telles que je les propose, on ne parvenoit pas à en diminuer la quantité.

On ne sauroit se mettre trop en garde contre la cupidité des grands spéculateurs à la hausse et à la baisse ; leur grand moyen est dans le jeu à prime. Il seroit donc à désirer que , sous les peines les plus sévères, même celle de la destitution , il fût défendu à tout agent de change , d'être l'intermédiaire d'aucun marché à prime, sous quelque forme qu'il pût être déguisé. C'est avec cette arme que l'on parvient à opérer des baisses dont on a tout lieu de s'étonner , lorsque souvent elles ne sont occasionnées par aucune circonstance qui auroit pu les déterminer.

PROJET DE LOI.

TITRE Ier.

Nouvelle composition du Grand–Livre de la Dette publique ; sa division en Rentes à 3 pour 100 immobilisées , et en Rentes à 5 pour 100 mobilisées et immobilisées ; Liquidation de l'arriéré antérieur à l'an 9 , et de la valeur des Biens Immeubles vendus sur les émigrés.

ARTICLE Ier.

Le Grand–Livre de la dette publique sera divisé en trois sections qui comprendront :

La première, les rentes à 3 pour 100 immobilisées ;

La deuxième, celles à 5 pour 100 immobilisées ;

Et la troisième, celles à 5 pour 100 mobilisées.

ARTICLE II.

Toutes les dettes arriérées , antérieures au 1er. vendémiaire an 9 , dont la liquidation avoit été attribuée au conseil général de liquidation , supprimé par la loi du 15 janvier 1810 , et qui n'a pas été terminée ou consommée par la consolidation au Grand-Livre

de la dette publique, seront liquidées définitivement par une commission de liquidation qui sera créée à cet effet.

ARTICLE III.

Le résultat de toutes les nouvelles liquidations à faire à cet
égard, sera porté, pour le tiers seulement du montant de chaque
liquidation, sur le livre des 3 pour 100 immobilisés, sans distinc-
tion d'exercices antérieurs ou postérieurs an 1er. vendémiaire an 5,
et sans avoir égard à la valeur des bons de deux tiers.

ARTICLE IV.

Un fonds de 15 millions de rentes à 3 pour 100, qui ne pourra
pas être dépassé, sera affecté au paiement de cet arriéré.

ARTICLE V.

Toutes les rentes provenant de liquidations au tiers, inscrites au
livre des 5 pour 100 consolidés, qui sont encore entre les mains des
propriétaires originaires ou de leurs héritiers, pourront, sur leur
demande, être portées au livre des 3 pour 100 immobilisés, mais,
dans ce cas, elles seront réduites d'un onzième, montant de la valeur des bons de deux tiers, censés compris dans la consolidation
primitive.

ARTICLE VI.

Pour indemniser les émigrés ou leurs héritiers, ainsi que ceux des
personnes condamnées révolutionnairement, de la vente de leurs
biens immeubles seulement, il sera créé onze millions cinq cent
mille francs de rentes à 3 pour 100 immobilisés, qui seront distribuées entre eux, au marc le franc, après que la liquidation de leurs
droits à cet égard aura été faite, ainsi que celle des dettes payées
définitivement à leur acquit.

ARTICLE VII.

Cette liquidation sera faite dans chaque département, et soumise
à la commission de liquidation centrale établie à Paris.

ARTICLE VIII.

Toutes les réclamations auxquelles les liquidations tant de l'arriéré que de la valeur des biens vendus sur les émigrés donneront lieu, seront portées à la cour des comptes, qui les jugera en dernier ressort.

ARTICLE IX.

Toutes ces liquidations seront terminées et jugées dans l'espace de quatre années.

ARTICLE X.

Toutes les rentes provenant de ces liquidations, seront inscrites au livre des 3 pour 100 immobilisés, avec la jouissance à dater du 22 septembre 1821.

ARTICLE XI.

Aucune des rentes provenant de l'une ou de l'autre liquidation, ne pourra, dans aucun cas, être portée au livre des 5 pour 100 mobilisés, qu'un an après leur inscription au livre des 3 pour 100 immobilisés, et après main-levée de toutes les oppositions dont elles auroient été légalement frappées.

ARTICLE XII.

Tous les propriétaires d'inscriptions de rentes 5 pour 100 consolidés, sont autorisés à immobiliser leurs rentes, et à les faire porter sur le livre particulier, dit 5 pour 100 immobilisés, mais à la charge de supporter la retenue d'un dixième du montant de la rente, lequel sera mis en réserve pour aider à l'amortissement dont il sera ci-après parlé.

TITRE II.

De l'amortissement des Rentes immobilisées à 3 et 5 pour 100, et des avantages attachés à leur immobilisation.

ARTICLE XIII.

A partir de l'année de 1822, il sera affecté à l'amortissement des rentes à 3 pour 100, un fonds annuel de 10 millions.

Mais, provisoirement, il sera fait annuellement un fonds particulier, qui sera du tiers de la somme de rentes dont les anciens

propriétaires de rentes conservées, ou leurs héritiers, auront demandé l'immobilisation et l'inscription au livre des 3 pour 100.

ARTICLE XIV.

Pour l'amortissement des autres rentes qui seront immobilisées et
portées au livre des 5 p. 100 de cette classe, il sera ajouté annuellement à la retenue du dixième exigé pour l'immobilisation, une
somme double qui sera prélevée sur le fonds général d'amortissement, créé par la loi du 25 mars 1817.

ARTICLE XV.

Toutes les rentes immobilisées à 3 et à 5 pour 100, pourront être
comptées pour moitié, dans la somme de revenu exigée pour être
électeur et éligible à la Chambre des Députés, de manière qu'une
personne qui paiera 150 francs de principal de contributions directes, pourra être électeur, en justifiant qu'il est propriétaire de
750 francs de rentes immobilisées, de même qu'une personne
payant 500 francs de principal de contributions directes, pourra
être éligible à la Chambre des Députés, en justifiant qu'il est propriétaire de 2,500 francs de mêmes rentes immobilisées.

ARTICLE XVI.

Les personnes qui voudront user de cette faculté, seront tenues
d'en faire la déclaration six mois au moins avant l'ouverture des
colléges électoraux de la série à laquelle ils appartiendront par
leurs propriétés foncières.

Cette déclaration emportera l'obligation de maintenir, pendant
cinq années entières, l'immobilisation de la rente qui aura reçu
cette destination.

Il sera fait mention, sur l'inscription ainsi immobilisée, de la
date de la déclaration et de la durée de l'immobilisation à laquelle
elle sera assujétie.

ARTICLE XVII.

Les propriétaires des rentes immobilisées, avec la déclaration de la destination exprimée en l'article 16 ci-dessus, seront tenus, pour se faire reporter au livre des 5 pour 100 mobilisés, d'en faire la déclaration au Préfet de leur département, dans les trois mois qui suivront l'expiration de la période des cinq années exigées pour l'immobilisation. Passé ce délai, elles seront censées immobilisées pour cinq autres années.

ARTICLE XVIII.

En cas de mort du propriétaire, la condition des cinq années d'immobilisation cesse.

ARTICLE XIX.

Dans tous les cas d'immobilisation, les rentes ne pourront être reportées au livre des 5 pour 100 mobilisés, qu'en justifiant de la main-levée de toutes les oppositions existant au jour de la déclaration qui aura été faite, pour en obtenir la mobilisation, au conservateur des oppositions près le Grand-Livre de la dette publique, ou la succursale du Grand-Livre où les rentes immobilisées seront inscrites.

ARTICLE XX.

Dans tous les cas de report des rentes au livre des 5 pour 100 mobilisés, elles y rentreront avec le rétablissement de la retenue ou de la réduction qu'elles auront subies par suite des dispositions ordonnées pour leur immobilisation.

ARTICLE XXI.

A partir de 1822, toutes les rentes portées au livre des 3 p. 100, seront divisées en séries de 300,000 francs.

ARTICLE XXII.

La série à rembourser sera désignée tous les ans par un tirage au sort de toutes les séries.

ARTICLE XXIII.

On suivra l'ordre des numéros du livre des 3 pour 100, depuis le premier jusqu'au dernier, pour la formation des séries, de manière que si la rente du numéro qui terminera une série, est trop forte, il n'en sera pris que la somme nécessaire, et l'excédant sera porté, sous le même numéro, à la série suivante.

ARTICLE XXIV.

Si après la formation des séries il se trouve un excédant de rentes insufffisant pour former une série complette, celle portion sera comprise dans le tirage de l'année suivante, dont la composition des séries sera faite, en commençant par le premier numéro de la série qui précèdera ou suivra celle dont le premier tirage aura déterminé le remboursement, et ainsi de suite d'année en année.

ARTICLE XXV.

Dans le tableau qui sera publié, tous les ans, de la composition des séries, on indiquera, pour chacune d'elles, le premier et le dernier numéro, ainsi que la somme de rentes qui y sera entrée de l'un et de l'autre numéros.

ARTICLE XXVI.

Provisoirement, il sera pourvu à l'amortissement des rentes qui auront été portées volontairement au livre des 3 pour 100, de la manière qui vient d'être indiquée, et dans les proportions déterminées par l'article 13 ci-dessus.

ARTICLE XXVII.

Les rentes 5 pour 100 immobilisées seront divisées en soixante-six séries deux tiers, dont le montant sera déterminé par celui des rentes qui auront été portées au livre de cette classe.

ARTICLE XXVIII.

Les opérations à suivre à leur égard, seront les mêmes que celles indiquées par les articles 22, 23, 24 et 25 ci-dessus, relatifs à l'amortissement des rentes 3 pour 100.

ARTICLE XXIX.

Les tableaux de la composition des séries de chacune de ces

deux classes, arrêtés par le Ministre des Finances, seront annexés à l'ordonnance du Roi, qui indiquera le jour, l'heure et le lieu du tirage des séries à rembourser.

L'ordonnance et les tableaux des séries seront rendus publics par la voie du bulletin des lois, un mois au moins avant le jour indiqué pour le tirage.

ARTICLE XXX.

Le tirage de ces séries sera fait publiquement, tous les ans, dans la huitaine de l'ouverture de la session des Chambres, en présence du Président de chacune d'elles, et du Ministre des Finances.

DISPOSITIONS GÉNÉRALES.

ARTICLE XXXI.

Toutes les rentes immobilisées à 3 et 5 pour 100, pourront être vendues au cours de la place et sans frais, comme les autres rentes, à la seule condition de rapporter la main-levée des oppositions existant au jour du transfert qui en aura été fait et enregistré, soit au Trésor Royal, soit à la succursale du Grand-Livre de la dette publique, où elles auroient été inscrites par duplicata.

DERNIÈRES RÉFLEXIONS.

Depuis que j'ai livré mon travail à l'impression, j'ai eu occasion de lire l'ouvrage de M. Sabatier, sur la nécessité de créer des Caisses d'escompte ou Banques de commerce. Nous reconnoissons tous deux, et avec toute la France, sans doute, cette impérieuse nécessité ; mais sous un premier point de vue bien différent : car, si, comme je l'ai dit, il n'y a que le commerce qui s'y intéresse, elles seront d'un foible secours pour l'amélioration du crédit public. Je crois même pouvoir assurer que les associations de cette nature, qui pourroient se former dans les principales villes de commerce, auront encore moins de succès que celles qui y ont déjà été établies. Leur influence, d'ailleurs, s'étendra difficilement au delà des mêmes villes qui les auront vu naître.

Pour en bien apprécier l'effet, sous le seul rapport du commerce et de l'industrie, il faut se faire une idée juste de la situation où se trouve la France. Appauvrie de toutes les pertes qu'elle a éprouvées dans deux invasions successives, de celles toutes aussi considérables qu'elle a faites sur les produits de la dernière récolte, et qui ne lui ont rien laissé pour l'exportation, elle a encore été obligée de payer aux Puissances alliées une somme de 3oo millions en numéraire au moins. Toutes ces pertes, accumulées en très-peu de temps, ont diminué sa consommation intérieure de près de moitié, en objets manufacturés.

Il est à remarquer, d'ailleurs, que resserrée dans une ligne de douanes extrêmement rétrécie, comparativement à celle qu'elle avoit acquise, la France a perdu à l'extérieur les trois quarts de ses débouchés, qu'elle ne peut plus compenser qu'en s'en créant de nouveaux.

La mer lui ouvre, il est vrai, comme à toutes les Puissances maritimes, son vaste sein; mais, avant d'y exposer ses vaisseaux de commerce, il faut reconnoître les plages qui lui offriront non seulement sûreté et protection, mais encore l'emploi de ses productions, avec assez d'avantage pour déterminer les particuliers à se livrer à de nouvelles spéculations maritimes un peu considérables. Encore faut-il le temps de renouer les anciennes relations abandonnées, et de faire de nouveaux traités de commerce avec des puissances dont les sujets ont perdu, depuis bien des années, l'usage des productions de notre industrie; ce qui n'est l'affaire, ni d'un mois ni d'un an; cependant il est instant de réparer nos pertes.

Jusques là nous ne pouvons rien entreprendre que chez nous; encore faut-il qu'il y ait confiance entière; que tous les partis se taisent et se rattachent franchement à la charte constitutionnelle; que toutes les classes de la société concourent à affermir le crédit public, en s'y associant; enfin, que les effets du Gouvernement deviennent l'objet de toutes les spéculations, et que tous les capitaux disponibles y soient employés. La confiance établie à cet égard s'étendra promptement de l'intérieur à l'extérieur. Nous y aurons alors un crédit qui nous manque, et sans lequel nos spéculations ne peuvent y être que très-bornées, si toutefois elles ne sont même pas à notre désavantage; car, comment espérer que les étrangers nous accorderont leur confiance, si nous-mêmes nous n'en montrons pas une entière dans les effets du Gouvernement.

J'en conclus que toutes les associations de banque qui n'auront pas pour premier objet de relever le crédit public, n'auront qu'une existence nulle et éphémère; puisque ce n'est que par les efforts que feront les capitalistes et les propriétaires pour atteindre ce but, qu'il sera possible d'augmenter la valeur de tous les capitaux, l'aisance générale, et, avec elle, la consommation intérieure, et d'ouvrir successivement aux produits de l'industrie française des débouchés à l'extérieur, seul moyen de réparer les pertes énormes que nous avons faites, et celles que nous devons encore éprouver jusqu'à notre entière libération avec les Puissances alliées.

Je dois en conclure aussi que les mesures que j'ai proposées sont les seules dont on puisse espérer d'heureux et assurés résultats. L'effort peut paroître pénible aux yeux de l'égoïste qui ne voit ou ne veut rien voir au delà et en deçà de ses intérêts. Malheureux égoïsme ! que de mal tu as fait à la France ! que de mal tu lui prépares peut-être encore ! Chancre hideux qui la dévore, quand cesseras-tu d'étendre tes ravages ?

Quand la justice aura été rendu à tout le monde ; quand le Gouvernement aura manifesté l'intention et donné l'assurance de réparer toutes les pertes, toutes les injustices ; quand il aura enlevé à la malveillance même jusqu'au plus léger motif de suspecter sa bonne foi, comme de penser que, quelle que soit sa position, tous les engagemens pris ne seront pas fidèlement remplis.

La mesure de reprendre la liquidation de l'arriéré antérieur à l'an 9, et de rembourser la valeur des biens vendus sur les émigrés, sera peut-être regardée comme trop onéreuse ; mais peut-on acheter trop chèrement la confiance ? Ce n'est pas la dette contractée et à contracter qui effraye ; c'est la crainte que les difficultés qu'on pourra éprouver pour l'acquitter, ne donnent lieu à des mesures tortionnaires, telles qu'on en a vu employer depuis vingt-cinq ans, pour alléger le fardeau de l'État aux dépens de ses créanciers, et au seul bénéfice de ces gens adroits et cupides, dont toutes les spéculations sont calculées sur la misère publique.

Si 26 millions de rentes de plus, qui seroient créées en faveur des vrais créanciers de l'Etat, donnent l'assurance de diminuer, dans une proportion bien plus forte, la dette à contracter pour satisfaire aux engagemens pris avec les Puissances étrangères ; par cela seul que cet acte de justice rétablira la confiance, il n'est pas douteux que la France y aura beaucoup gagné, et pour le présent et pour l'avenir.

On objectera peut-être qu'elle est trop épuisée, pour s'imposer encore un si grand sacrifice ; mais c'est parce qu'elle est épuisée par les injustices, qu'il faut la régénérer et lui créer de nouvelles forces vitales , puisées aux sources mêmes de l'équité.

C'est par le malheur que l'Angleterre apprit à surmonter les entraves de l'égoïsme, et à établir un système de finances qui ne s'est jamais démenti.

La justice est la mesure du crédit des nations. Que la France soit donc juste envers tous ses créanciers ; et quand elle aura donné la preuve de la fermeté de ses intentions à cet égard , elle ne craindra plus pour son crédit ; elle aura fait le premier pas vers une prospérité durable et d'autant mieux assurée, que le sacrifice qu'elle devra s'imposer sera bien foible , comparé à l'immensité de ses ressources.

C'est alors que le Gouvernement pourra dire à tous les français : la justice que j'exerce aujourd'hui doit vous la garantir toute entière pour l'avenir. Ayez donc pleine confiance dans les mesures qui seront commandées par la nécessité de tenir la foi promise : elle ne sera jamais trompée.

C'est alors que tous les établissemens utiles pourront se former avec facilité ; que tous les Français s'empresseront d'y concourir, et de seconder les efforts du Gouvernement pour le sortir de la situation fâcheuse où les circonstances l'ont placé , parce qu'il ne restera plus d'arrière-pensée, ni à l'erreur des uns , ni à la malveillance des autres.

C'est alors que les Banques proposées, aidées d'un cours public pour la vente et l'achat des effets du Gouvernement, et d'une succursale du grand-livre de la dette publique, concourront efficacement à la prompte restauration des finances.

C'est alors que ces mêmes Banques pourront, au besoin et avec l'assurance du succès, créer et s'associer des caisses ou des comptoirs d'escomptes dans les villes de leur arrondissement, où leur établissement sera reconnu nécessaire ; qu'elles s'alimenteront mutuellement et par la négociation de leurs propres effets , et par celle des bons de service du trésor royal, qu'elles aideront de toute la puissance de leurs secours.

Je crois, à ce sujet, devoir faire connoître une lettre que j'ai reçue d'un parent qui habite le département du Finistère, en réponse à l'envoi que je lui avois fait d'un exemplaire du résumé de mon projet ; imprimé sous le titre de *Moyens proposés pour le rétablissement du crédit public en France.*

Elle est datée du 14 mai 1817.

« J'ai reçu aujourd'hui, mon cher parent, votre lettre du 8 de
» ce mois, avec votre mémoire sur les moyens de rétablir le crédit
» public en France. Je crois à la possibilité de l'exécution de votre
» plan, et je pense que, s'il est adopté, il produira un bon effet
» sous tous les rapports ; surtout sous celui de mettre en circula-
» tion les économies qui se font dans les départemens où les ré-
» serves sont inactives, faute de moyens pour les faire valoir, au
» moins de manière à pouvoir en disposer pour ses besoins à une
» époque déterminée. Le commerce, dans ce moment, n'offre pas
» assez de ressources, ni assez de sécurité pour y placer ses ca-
» pitaux : le seul moyen de placement qui reste aux départemens
» est celui de particulier à particulier, sur hypothèque de biens
» ruraux ; placement qui, à raison des frais, ne peut avoir lieu
» que pour une année au moins, au bout de laquelle le créancier
» ne peut pas retirer ses fonds. Les retards qu'il éprouve, et les
» désagrémens d'en venir à une expropriation forcée, dégoûtent
» les prêteurs, et je vois ici que chacun préfère de garder ses
» fonds inactifs, plutôt que de les mettre en circulation, sans
» espoir de les obtenir à l'échéance du terme convenu.

» En offrant aux départemens les facilités que vous proposez,
» je ne doute pas que chacun ne s'empresse de faire valoir ses
» économies, et que l'État verra s'accroître chaque jour la masse
» du numéraire dans la circulation... Je suis persuadé, comme

» vous, que votre plan auroit pour résultat d'élever très-promp-
» tement le cours des effets publics, et de les maintenir à un taux
» qui sauveroit à la France de grands sacrifices.... Il me semble
» que l'importance de Brest, de Morlaix, etc., exigeroit une
» Banque plus rapprochée que Rennes, et qu'une succursale à
» Morlaix, pour la Basse Bretagne, y seroit bien placée. Je
» pense aussi qu'on placeroit avec beaucoup de facilité les bons
» de la caisse de service dans les départemens, si on autorisoit
» les percepteurs, ou les receveurs particuliers, à les acquitter à
» leur échéance ; ce qui éviteroit *au Gouvernement* les frais et
» les risques de transports de fonds. »

Je suis persuadé que la même opinion est généralement répandue, et que le Gouvernement trouvera plus de facilité qu'on
ne pense peut-être à Paris, pour l'exécution du plan proposé.
Je l'ai formé sur une échelle qui peut paroître trop forte ; mais,
en la réduisant à moitié pour la première année, c'est-à-dire, à
environ 150 millions, les résultats qu'on en obtiendroit, seroient
encore inappréciables pour la prompte amélioration du crédit
public et la prospérité future de la France, en ce qu'ils pré-
pareroient les voies aux spéculations les plus étendues de commerce et les moyens de les soutenir.

JACQUES-JEAN-FRANÇOIS CREN.

www.ingramcontent.com/pod-product-compliance
Lightning Source LLC
LaVergne TN
LVHW010943210726
843510LV00013B/115